善本金融

中国特色金融发展新范式丛书

金融定位与价值重塑

中国特色金融发展之基

陆建强◎主编

中国经济出版社
CHINA ECONOMIC PUBLISHING HOUSE

图书在版编目（CIP）数据

金融定位与价值重塑：中国特色金融发展之基 / 陆建强主编．-- 北京：中国经济出版社，2025．4．

ISBN 978－7－5136－8091－2

Ⅰ．F830

中国国家版本馆 CIP 数据核字第 20259LE845 号

责任编辑　严　莉

责任印制　李　伟

封面设计　久品轩

出版发行　中国经济出版社

印 刷 者　北京科信印刷有限公司

经 销 者　各地新华书店

开　　本　710mm×1000mm　1/16

印　　张　14

字　　数　172 千字

版　　次　2025 年 4 月第 1 版

印　　次　2025 年 4 月第 1 次

定　　价　65．00 元

广告经营许可证　京西工商广字第 8179 号

中国经济出版社　**网址** http://epc.sinopec.com/epc/　**社址** 北京市东城区安定门外大街 58 号　**邮编** 100011

本版图书如存在印装质量问题，请与本社销售中心联系调换（联系电话：010－57512564）

善本金融
中国特色金融发展新范式丛书

编委会

丛书序言

想编这样一套丛书，一直是我的心愿。而这个心愿的产生，或许也是因为自己的经历。我从事市场行政监管工作 12 年之久，不仅感受到了我国市场化改革带来的巨变，也感受到了我国市场经济主体的不易。20 世纪末 21 世纪初那些年，每次召开企业家座谈会，大家对金融特别是银行意见颇多，其中印象最深的，一是很多中小微企业说“为银行打工”，意思是所获得的一点利润，都被贷款利息占了；二是金融特别是银行只有锦上添花，没有雪中送炭，甚至变成了“下雨天收伞”——企业一经困难，银行不是帮助而是抽离。但金融的“贵气”，也一直伴着我的记忆，那便是金融工作人士挣得多，富得早。

此后我有幸到省政府从事副秘书长工作，联系金融和国资口子，已经 5 年多，便开始比较深入地看着金融。那时的感觉，最明显的，一是金融事关系统性风险，一旦出问题危害性很大，特别是涉众事件，多少投资者财富瞬间蒸发，金融真的很重要。二是金融作为一个大系统，问题不少，其中有很多其实是逻辑不清，才导致乱象频发，金融改革任务很是艰巨。2018 年，我从政府出来调任财通证券党委书记、董事长，近 4 年管理一家投行。2022年1月，又从券商调任到商业银行——浙商银行，至今又是3年。近7年，我走到了一线开始实操，也有了真切的机会把这些年来积累的一些想法付诸实践。也许正是因为一直在金融之外看金融，才有了更多从社会视角对金融的认知，有了对金融改革的迫切性感受；也许正是因为从政府走向金融机构，才有了更多从国家战略、政府视角对金融的审视，有了对中国特色金融发展之路创新的迫切性感受。

习近平总书记指出，当今世界正经历百年未有之大变局。对于中华民族，这是伟大复兴；对于整个世界，这是格局重塑。大变局之下，各行各业都在全面而深刻地变化着。对于金融，我想我们面临的最大的变局有二：

一是金融定位站位的变局。到底如何看待金融？金融在经济社会发展中应该定位于怎样的角色？这不仅是当下我国金融最本体的问题，也是中国特色金融发展之路的关键所在。纵观世界金融发展史，金融源自经济发展之需，最初的融资就是将资本从未来和他人手中转移到当下的项目上，获得倍增放大功效。金融功能性是第一性，后来其从实体经济的服务中独立出来变成一种持牌的市场主体存在，才有了金融本身的产业属性即盈利性。进一步，这种盈利性被资本的逐利性不断放大，进而从服务实体经济演变成与实体经济争利，并不断向控制实体经济发展乃至成为控制社会的利器。华尔街金融大鳄是金融寡头的代表。从这个意义上讲，一部金融发展史就是一部金融功能的异化史，从服务实体经济功能走向了依托金融获取红利。显然，这不符合社会主义的价值理想。我们强调金融的政治性、人民性，就是强调社会主义金融的功能定位。虽然我国金融没有走到西方资本主义那么远，但毋庸讳言，改革开放以后发展起来的金融业遵循的基本是西方金融的发展逻辑和理论体系。从中微观形态来看，西方金融的一些病灶在我国金融业里表现得可以说是淋漓尽致，有的方面有过之而无不及。比如只有锦上添花没有雪中送炭，又如为了挣快钱而成为资本无序扩张的帮凶，等等。显然，中国式现代化需要对中国的金融发展进行全新定位，回归初心，把功能性放在更重要的位置，对金融机构来一场站位提升，全面重塑价值体系，是当下我国金融机构面临的最大变局。

二是数字化变局。这是技术革新带来的行业变化，也是来自生产力发展的历史性机遇。金融作为经营风险的行业，计算是其中的核心力量，也注定在数字文明时代迎来全新的发展形态。数字化带来的金融变局将无比深刻而全面。原来金融特别是银行所依赖的不动产抵押和第三方担保，即被诟病的“当铺模式”，在数字化背景下将会转变成依赖数据、依靠算力的“场景模式”；原来好企业抢着服务、困难企业无人服务的状态也是被诟病的“打猎式经营”，会因为数字化时代的精准性真正走向陪伴型“种田式经营”；原来各家金融机构依托不同牌照的专项服务在数字化大背景下也必然走向以客户为中心的综合服务。凡此种种，数字化下的金融正在朝着链式生态金融迈进。这是一次伟大而深刻的变局。这场变局，对于我国金融业摆脱西方发展路径依赖、走中国特色金融发展之路、真正打造金融强国，是历史性大机遇。在我看来，随着数字文明时代的到来，我国金融必将从追随走向引领，也是在数字化大时代，我国才能真正变成金融强国。

一个时代有一个时代的使命，一代人有一代人的责任。面对金融发展的两大变局，这些年我们开启了金融创新发展的实践探索。我们的创新紧紧围绕两大变局展开。在金融定位上，我们从国家、社会的需要出发，走出以经济论金融、以金融论金融的狭隘，更多地从社会价值视角重塑金融逻辑。我们把金融的功能性放在第一性的位置去推动金融转变，开展了一系列创新实践，并将这些实践提升为“善本金融”，就是想释放一个理念：金融不只是向善，更是要以善为本，从善（社会价值）出发。这至少有六个方面的创新探索，到现在都有了比较好的实践效果。

一是首创并成功推动了金融顾问制度的落地。借鉴 20 世纪 80 年代企业法律顾问的做法（在我看来，法律顾问制度对于我国市场经济法治化水平的提升意义重大，让当年从乡镇出来的第一批企业家可以心无旁骛地抓营销，而把签约和打官司交给了专业的律师），让金融专业人士走出金融机构，被赋予一个社会角色，走进企业、走进政府、走进社会，成为企业的金融全科家庭医生、政府的金融子弟兵、社会的反诈宣传员。让金融从以牌照为中心的专项服务转变为以客户为中心的综合服务，也让金融从业人员从牌照服务的营销人转变为提供金融专业服务的社会人。这一创新至今已有 6 年的实践，在浙江省内就有 4500 名金融人士拿到了金融顾问的资格，有 116 家政府的金融工作室，还有每年上千场的投资者教育和反诈宣传活动。全国有 16 个省市也发文在推广。

二是依托金融顾问制度，开展了县域综合金融生态建设工程。我们对一个县的金融需求进行全面梳理，与党委、政府共同组建金融综合生态建设领导小组，首次在临平下沉近 80 名金融顾问，金融顾问拿方案，党委、政府抓推进，围绕着政府平台的优化和健康运行、企业包括融资成本在内的运营成本的迭代下降、社会金融风险意识的全面提升三大任务，创新了一系列措施和工具，在一个县域里全面推进金融供给侧结构性改革，提升了整个金融生态。这一创新至今已推出 3 年，基本创出了政府、企业、社会三大主体的三大工具和八方面举措、六方面成效，形成了县域综合金融生态建设的临平 3386 模式。目前杭州市在全面推广，全国各地也有 22 个省、42 个地市、74 个区县在推进。

三是把社会价值评价注入金融风险的管控中，创新了风险“善标”。过去对金融风险的管控，重在经济，重在资产质量。对于金融风险的把握，我们形成了两个共识：第一，金融就是一个放大器，如果服务了“善”的企业，也就是对社会发展正向正行的企业，就是放大了社会效果；如果服务了“恶”的企业，也就是对社会发展造成社会危害的企业，就是放大了社会危害。第二，金融风险看似出在资产质量上，但从长远来看，最大的风险不在资产而在人品。一个口碑好的人，值得帮助，最后也容易成就；相反，一个口碑不好的人，必须限制，看似挣到快钱但最终不可持续，最容易形成风险。基于这两方面认知，我们在行业评估时首推了社会价值评价维度的风险把控模式，出台了“浙银善标”。善标主要从客户家庭评价、行业评价、所在地评价三个维度来确定口碑“善分”，对于“善分”高的用户加大服务力度，给予让利优惠政策；对于“善分”低的用户加大管控力度，限制甚至取消服务。目前这个标准已经运行一年多了，还在不断地深化。很多口碑不好的用户，已经慢慢退出了我们的服务客户之列。这一创新，可以说是我们总结了这些年来资本无序扩张背后的金融迷失、痛定思痛之后对金融的领悟。我甚至提出，一个金融机构的风险如果出在“善分”高、口碑好的用户身上，对于整个社会，也是一种贡献。

四是创新金融工具，推动企业行善，创造性地开展了“善本信托”推进工程。浙江是共同富裕的示范区，金融如何助力共同富裕建设一直是我关注并着力研究的课题。在调研的基础上，我提出了“共同富裕不能过多聚焦缩小差距，还应该聚焦防范社会撕裂上”“贫富两端矛盾的主要方面在富裕主体，关键是如何将财富主动用于社会建设上来实现财富升维”“我国的慈善要结合我国的文化，更多关注企业家内心的主动性研究”等观念，并着手依托慈善信托工具的改革创新，开启了让企业家自主可感知的慈善模式创新。我们提出了让企业家在三种场景自主设立和推进慈善项目，并改进自身发展的生态：①企业自己生态里的慈善，如给员工家庭做大病保险，化解劳资矛盾；②企业所在地的慈善，如为当地解决一些实际困难，改进政企以及社企关系；③企业家老家的慈善，如为家乡解决实际困难，改进企业家与家乡的关系进而提升价值感。三种场景三大改进，既是对我国企业“一捐了之”式慈善的改进，也是对我国民营企业家存在方式的改进，助力财富升维成人生价值。这项实践于2023年5月提出，当年11月就有首批33家“善本信托”落地。我常想，只有中国的企业家都一手抓经营，一手做身边的慈善，参与社会治理，才会高于西方式慈善，才会有社会主义企业家的格局和情怀，才会真正走出中国式现代化的道路。

五是推出问责向善、员工向善，推出“幸福生活的践行者倡导者”文化品牌，以人文建设来构架行业生态。这项工作主要是向内的改革。这些年金融机构伴随着市场经济发展起来，市场激励成为最大动力，在带来效益的同时也带来了功利主义盛行和企业文化的薄弱。我们提出员工为本、价值为要，就是想以员工幸福为本，以员工提升价值为要。一方面强调金融机构的员工要率先向善从善开展慈善，我们每个分行都与一所学校结对，“一行一校”，开展帮扶也推进员工支教，每个分行都设立拥军工作室，开展拥军服务；强调问责向善，敬畏合规，严惩初心不善者，也宽容过失行为者。另一方面在全行开展“幸福生活倡导者践行者”文化品牌建设，明确反对无效加班，明确提出工作生活两不误，明确提出银行员工当好时代模范、践行幸福生活的倡导。这项以善为核心的员工管理改革至今已近3年，不纠结、不内卷、不另类，活出幸福、活出精彩，虽然一直在路上，但企业凝聚力、社会影响力都在快速增进。

六是积极推动并践行从社会价值维度全面重塑金融机构的价值评价体

系。这项工作与其说是实践创新，不如说是对金融定位思考后对我国金融改革的一项建议。坚持金融的政治性、人民性，把金融的功能性放在第一性和更重要的位置上，到底如何才能真正落实下去，落实到机构里、落实到员工的行为中？不改变对金融机构的价值评价方式，不从考核评价中去重塑定位，是难以走出原有路径依赖的。基于此，我们提出了三分法来重塑金融机构的价值评价体系：作为牌照机构依托的是国家资源，应该建立一套金融机构服务功能评价体系；作为投资主体依托的是股东投入，应该建立一套可持续性规模效益评价体系；作为风险管理机构，必须专业监管，应该建立一套风险评价体系。这三方面构架起一家金融机构的三大评价维度，从目前我国的实际来看，功能性评价体系停留于普惠绿色等号召性而被虚化，导致金融机构盈利性过强的问题突出。所以我们提出在当前背景下，只有金融委员会主抓功能性价值评价体系，给予足够的权重，压缩盈利性权重，持之以恒地坚持几年，功能性第一位的金融机构才会成形，中国特色金融发展之路才能全面开启。

上述六大方面的创新实践，我们总结成为“善本金融”的创新实践。实践时间虽不久，但我们深切地感受到了改变的发生，一条不同于西方金融的创新之路正在全面开启。

对于数字化变局，我们也积极创新，提出了加快建设“链式生态金融”的使命。所谓“链式生态金融”，就是数字化时代正值高质量发展阶段，加上新发展格局，必然要求盘活存量内涵式发展代替外延式扩张，金融也必然从“当铺思维”走向算力思维，从抵押担保走向场景金融。金融服务从原来以服务一个客户、一家企业为主转向服务一个产业、一个生态。数字化正在深刻改变着资产的形态、财富的形态，改变着经济的逻辑、金融的逻辑。生态金融、场景金融、共富金融、保障金融，连同金融

“五篇大文章”，正在从技术创新、运营提质走向模式创新、形态创新。这些创新既关涉金融的未来，也是中国特色金融发展的机遇。

2023 年中央金融工作会议召开，此后习近平总书记在省部级主要领导干部推动金融高质量发展专题研讨班开班式上发表重要讲话。中国特色金融发展之路连同金融强国建设在国家层面被正式提出，政治性、人民性和“八个坚持”“五要五不”一系列金融思想全面呈现，一次来自中国的金融理论全面创新呼之欲出。没有理论指导的实践是盲目的，没有实践基础的理论创新是虚幻的。我们这些实践，源自对金融在大国兴起中的功能和作用，源自基层对金融服务的呼唤和要求，其中很多思考和探索还没有上升到理论层面，系统性还不够；很多实践还只是初步成绩，谈不上经验，更谈不上理论体系。但我们深信这些创新具有重要价值。我们用了“新范式”来总结这些探索做法，就是感觉我们的实践还只是留在“创新范式”这个层面上。同时我们更清楚，对新范式的探索是开放的，我们做了些事，但也只是处于初步阶段。我们把我们的做法编成一套丛书，是抛砖，就想引玉；有探索，就想有提升。希望有更多的金融有识之士参与这套丛书的编撰中，把各方面的实践创新点滴汇聚起来，共同努力，开创中国特色金融发展之路，争取在中国式现代化建设中不辜负于这个伟大的时代。

是为序。

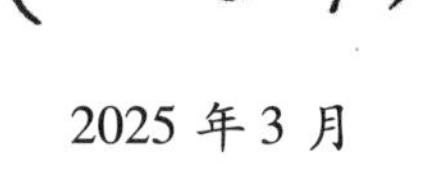

2025 年 3 月

序

构建中国特色金融价值评价体系的理论自觉与实践担当

当今世界正经历百年未有之大变局，中国开启全面建设社会主义现代化国家新征程。在这一历史方位下，金融作为国民经济的血脉和国家竞争力的基石，其功能定位与价值取向的深刻变革，不仅关乎经济高质量发展的成色，更直接关系到国家治理能力现代化和民族复兴伟业的实现。中央金融工作会议提出的“八个坚持”，系统擘画了中国金融强国的蓝图，而如何将这一蓝图转化为金融体系改革的具体实践，急需一套立足中国国情、遵循金融规律、彰显时代精神的价值评价体系作为行动指南。《金融定位与价值重塑：中国特色金融发展之基》一书的问世，正是对这一时代命题的深刻回应。作为长期关注中国经济转型与金融治理的研究者，笔者深感此书的理论价值与实践意义，愿从历史逻辑、理论创新与实践路径三个维度，阐述中国特色金融价值评价体系构建的必然性与紧迫性。

一、金融价值观的嬗变与全球金融治理的困境

纵观全球金融发展史，金融价值观的演变始终与大国兴衰紧密交织。荷兰凭借现代金融雏形支撑海上贸易霸权，英国通过银行体系创新推动工业革命，美国依托金融霸权巩固全球领导地位，这些历史经验揭示了金融工具对国家竞争力的催化作用。然而，西方金融价值观的演进轨迹也暴露出深刻的矛盾：从大萧条后凯恩斯主义的管制逻辑，到布雷顿森林体系解体后的新自由主义泛滥，再到2008年金融危机后金融监管理念的局部修正，资本逐利性与社会公共性的冲突始终未能得到根本性解决。这种“钟摆式”的价值观调整，本质上是资本主义制度下金融资本与实体经济结构性失衡的必然结果。美国量化宽松政策催生的“资产泡沫型复苏”，以及欧洲主权债务危机中金融资本对公共利益的侵蚀，无不印证了马克思资本虚拟化论断的深刻预见——当金融脱离实体经济的锚定，必然走向自我循环的异化之路。

反观中国金融发展历程，从革命战争时期“扁担银行”“马背银行”的服务实践，到计划经济时代集中资源办大事的工业化支撑，再到改革开放后市场化改革的探索，中国金融始终与国家战略同频共振。但不可否认，在融入全球金融体系的过程中，西方“股东至上”“规模崇拜”等价值理念的渗透，一度导致我国金融体系出现功能弱化、脱实向虚的倾向。影子银行膨胀、同业空转加剧、普惠金融短板等问题，本质上都是金融价值观偏离“服务实体、造福人民”初心的外化表现。这种价值迷失在数字化时代被进一步放大：算法歧视加剧“数字鸿沟”、平台垄断扭曲资源配置、跨境资本流动冲击金融主权，传统金融治理框架面临前所未有的挑战。历史与现实的双重警示表明，构建中国特色金融价值评价体

系绝非简单的技术改良，而是关乎金融发展道路选择的重大理论创新与制度重构。

二、金融功能主义的回归与价值评价范式的革新

本书的理论贡献，在于创造性提出“功能性—专业性—盈利性”三维评价框架，实现了对传统金融价值认知范式的根本性突破。这一理论建构具有三重理论自觉：

其一，重塑金融功能性的本体论地位。将“盈利服从功能”作为价值排序的首要原则，是对马克思主义政治经济学“生产决定流通”基本原理的当代诠释。金融资本作为“派生的、第二级的”资本形式（《资本论》第三卷），其价值创造必须依托于实体经济的价值转化。书中通过“服务国家战略”“支持薄弱环节”“培育金融文化”等指标设计，将“金融血脉”与“经济肌体”的共生关系具象化为可量化、可追踪的评价体系，为破解“金融贵族化”“资本无序扩张”等难题提供了方法论工具。

其二，重构风险治理的整体性视野。在“黑天鹅”“灰犀牛”事件频发的今天，传统以资本充足率、不良贷款率为核心的风险管控模式已显不足。本书提出的“风险整体观”，将公司治理、数字化转型、社会风险外溢纳入评价维度，体现了从“机构本位”向“系统本位”的风险认知跃迁。这种思维转变与习近平总书记关于“防止发生系统性金融风险是金融工作的永恒主题”的重要论述高度契合，为统筹发展与安全提供了操作框架。

其三，重建义利统一的价值观坐标系。针对“股东利益最大化”的西方教条，本书创造性提出“牌照责任论”，强调金融机构作为“国之重器”的社会属性。通过设置“社会价值创造”“善标客户占比”等指标，将ESG 理念本土化为具有中国特色的评价标准，既避免了西方 ESG 评价中

“价值观输出”的陷阱，又为金融机构履行社会责任提供了清晰的行为指引。这种“义在利先、以义制利”的价值取向，正是中华优秀传统文化“经世济民”思想在金融领域的当代呈现。

三、从评价体系重构到金融治理能力现代化的实践探索

本书的实践价值，在于构建了从理论到政策、从政策到行动的完整闭环。在浙商银行的“善标”实践中，我们看到了评价体系重构可能引发的“化学反应”：“苔藓产业绿色共富”“奶奶工坊就业帮扶”等案例，生动诠释了金融资源配置从“锦上添花”到“雪中送炭”的转向；差异化信贷策略与风险容忍度调整，则展现了评价体系引导金融机构平衡商业可持续与社会可承受的调控智慧。这种“评价—激励—行为”的正向循环机制，为破解中小微融资难、乡村振兴资金缺口等顽疾提供了新思路。更深层次看，这种实践探索标志着中国金融治理能力的范式升级：通过将党的集中统一领导嵌入评价体系设计（如“服务国家战略”指标权重），实现了政治优势与市场机制的有机融合；通过数字化赋能评价过程（如大数据客户画像），推动了“运动式治理”向“制度化治理”的转型；通过引入社会价值导向（如“不善负面清单”），促进了金融治理从“政府单边监管”到“多元主体共治”的演进。这种治理能力的跃升，正是国家治理体系现代化在金融领域的具体呈现。

四、金融强国建设与中国式现代化的价值引领

站在“两个一百年”奋斗目标的历史交汇点，本书的出版具有特殊意义。当前，全球金融秩序面临重构，美元霸权松动与数字货币革命交织，气候金融、供应链金融等新范式涌现。在这样的背景下，中国特色金融价值评价体系的构建，既是应对“世界向何处去”的中国方案，更是回答

“金融如何助力民族复兴”的时代答卷。

需要特别指出的是，这种价值体系的重塑绝非对市场规律的否定，而是对金融本质的更高层次回归。正如书中所强调的，功能性评价不是要取消盈利性指标，而是要通过“三维向度”的协同，引导金融机构在服务国家战略中实现商业价值，在防控系统性风险中提升专业能力，在推动共同富裕中获取合理回报。这种“义利共生”的发展哲学，既超越了西方金融的“零和博弈”思维，也为全球金融治理贡献了中国智慧。

展望未来，随着“双循环”新发展格局的深化，金融价值评价体系必将从理论构想转化为制度实践。期待本书提出的评价框架能够与宏观审慎管理、差异化监管政策形成合力，在科技金融、绿色金融、普惠金融等重点领域催生更多创新实践。更希望这套体系能够伴随人民币国际化进程，逐步成为新兴市场国家金融治理的参考范式，为构建人类命运共同体提供价值纽带。

是为序。

经济学家、教授

上海财经大学校长、党委副书记

2025 年 3 月

目 录

绪　论

改革开放以来，我国金融业快速发展，已形成覆盖银行、证券、保险、信托、基金、期货等各个领域，多层次、广覆盖、差异化的金融机构体系。截至 2024 年第二季度末，金融业机构总资产超过 480.64 万亿元，其中银行业机构数量超过 4000 家、资产规模居全球第一，保险、股票和债券市场规模居全球第二。作为现代经济的核心与血脉，金融在我国社会资源配置、风险管理、财富创造等方面作出了不可或缺的贡献。

但同时要看到，当前我国金融服务实体经济的质效和社会价值贡献仍有待进一步提升。金融支持科技创新、绿色转型、中小微企业不够充分有力，对客户的服务通常是“锦上添花”而鲜有“雪中送炭”；金融脱实向虚、过度逐利、自我循环等乱象层出不穷，这些问题相互交织、相互影响，导致金融风险和腐败问题丛生。

2018 年，我从政府部门到金融机构任职，一路走来，对金融存在的上述种种不足深有体会。我认为造成这些问题的最根本原因是金融的定位出现了偏离，或者说就是构成金融体系的金融机构出现了定位偏差，而这种定位偏差集中体现在金融机构对盈利性的过度强调上。2024 年初习近平总书记在省部级主要领导干部推动金融高质量发展专题研讨班上的讲话中强调“金融具有功能性和盈利性双重属性，盈利要服从功能发挥”，这实际上就非常鲜明地指出了中国特色金融价值应有的定位，也就是金融要把功能性作为第一性。

我认为要校准金融的定位，关键在于重塑金融的价值评价体系。这也正是编写本书的初心，希望能够通过本书的思考，提出一套符合中国式现代化发展方向、服务于强国建设的中国特色金融价值评价体系。应该说，金融价值评判标准随着社会经济的发展而不断变化。判断一个评价体系的合理性，关键在于其是否适应国情和时代发展的需要。从国外来看，金融评价体系主要建立在上市公司价值理论之上，遵循“股东价值最大化”这一目标。全球金融危机后，尽管西方金融越发重视环境、社会和公司治理（ESG）等相关指标，但总体上仍以规模、利润等效益指标为主。从国内来看，财政部和各地方国资委是主要金融机构的出资人，通常也是从“管资本”的角度实施各类金融机构绩效评价办法，侧重考核国有资本保值增值、分红利税上缴等综合情况；人民银行从逆周期调节和系统性风险防控的角度实施宏观审慎评估体系（MPA），侧重货币信贷政策执行情况；原银保监会基于保护存款人和债权人利益的立场，从合规性和防风险的角度实施《商业银行监管评级办法》，侧重监管银行的各类风险以及公司治理等情况。评价主体、目标的差异决定了评价体系内容的差异。

党的十八大以来，政府和监管机构对金融机构的评价标准有所优化。人民银行、原银保监会主导的评价体系先后增加了普惠金融、绿色金融的考核指标，财政部 2021 年修订的《商业银行绩效评价办法》新增了“服务国家发展目标和实体经济”的评价维度，但距离“盈利要服从功能发挥”的要求，尤其是距离党中央在2023年中央金融工作会议上提出的“八个坚持”要求仍有较大差距。党的二十届三中全会提出要“完善金融机构定位和治理”，这表明加快构建完善金融机构评价体系、重塑符合时代发展需要的中国特色金融价值评价体系已是当下中国金融体制改革的重中之重。

为此，本书从问题导向出发，结合当前我国金融在新发展阶段必要的使命担当，回顾了金融发展与国家兴衰的历史关联，在历史反思的基础上提出以功能性为引领的核心要义，构建完成了以银行业为代表的中国特色金融价值评价体系，并在此基础上提出“浙银善标”的实践探索。本书共七章，第一章阐述了校正金融定位、重塑金融价值评价体系的背景、原因及必要性；第二章总结了中西方金融发展历程，反思了金融价值观的演进对经济社会的影响，指出建立中国特色金融价值观的必要性；第三章阐述了从全局视角建立金融价值评价体系必须处理好的重要关系，即金融和实体经济、经济价值和社会价值、股东利益和牌照责任这三对关系；第四章提出了重塑金融价值评价体系的核心要义，通过处理好前述的三对关系，内生地决定了金融价值评价体系功能性、专业性和盈利性这三个基本向度；第五章围绕前述三个向度，提出中国特色金融价值评价体系整体设计方案，详细阐述了各维度的具体设计与评价标准，此外，本章还将该体系与国际通行的ESG评价理念进行了比较，指出该体系在推动金融功能性发挥中的优势，并提出评价结果的应用建议；第六章以浙商银行的“浙银善标”实践为案例，探讨如何从社会价值视角来推动风险评价体系的创新，并介绍了相关的典型案例；第七章展望了建立中国特色金融价值评价体系在金融功能提升、经济社会发展支持以及强国建设中所能发挥的积极作用和产生的深远影响。

在本书的撰写过程中，我们深感这一主题的重要性和复杂性，这份成果凝聚了所有参与人员的智慧与努力。我作为主编提出了全书的核心观点和主要逻辑，并进行统稿和审订。同时，我在此要感谢浙商银行周伟新、宋永明、舒良超、叶志桂、孙文祥、戴逸明、杜欣、温晓静、田金寰、林雅嘉、黄凯晖、王少东等参与本书讨论和编写工作的每一位团队成员！正是因为大家的共同努力，我们才能为中国特色金融价值评价体系的研究与实践提供一份扎实的理论与实践指引。

展望未来，中国特色金融价值评价体系的构建，不仅是一项理论探索，更是一场深刻的实践变革。我坚信这一体系的逐步完善，是对中西方金融价值评价体系的融合与升华，必将为金融行业注入新的发展动能，引导金融机构回归功能本源，推动经济社会的全面协调发展。在数字化时代与高质量发展的双重背景下，我们有理由相信，这一评价体系将成为我国金融高质量发展的重要支撑，为中国式现代化建设提供坚实保障，更为全球金融治理贡献出具有中国特色的新范式。

第一章

时代命题：
金融定位与价值重塑

在社会经济发展过程中，金融与实体争利、金融脱实向虚、金融服务不充分不均衡等问题，多与金融站位不高有关，但究其背后的症结是金融的定位出现了偏差，金融的功能性被明显弱化。中央金融工作会议用“八个坚持”精辟概括了中国特色金融发展之路的基本要义，为找准问题症结提供了根本遵循。由此指向的当务之急，是重塑一套既符合现代金融发展规律，更与中国式现代化方向相适应的金融价值评价体系，通过强化金融功能性的评价导向，使之服务于中国式现代化，最终实现以金融高质量发展助力强国建设、民族复兴伟业。

金融定位偏差是当前金融问题的症结所在

当前，金融定位偏差已成为诱发一系列金融问题的症结所在。金融具有功能性和盈利性双重属性。金融得以产生和发展是基于其为经济社会活动提供服务的功能，但在发展中逐渐演变为一个追求利润最大化的盈利性产业。从现代金融发展历程来看，西方金融发展史是金融服务功能第一性不断迷失的历史，其盈利性不断强化，逐步成为主导、控制实体经济乃至社会发展的强大力量。改革开放以来，我国金融发展大致经历了专业化、商业化、市场化三个阶段，以银行为主导的金融体系日趋完善，但金融发展的问题也日渐突出，不仅有我国金融发展自身的问题，而且有片面照搬西方金融理论带来的弊端，只有“锦上添花”没有“雪中送炭”，热衷于自我循环、自我膨胀，逐渐演变成了一个封闭的系统。虽然还没有达到西方金融控制实体经济的程度，但这些问题相互交织、相互影响，导致产生金融乱象和腐败问题。正因如此，从问题导向来推进金融定位的校正和金融价值评价的重塑，是引导金融机构克服单纯以盈利为导向的惯性思维、转到“盈利要服从功能发挥”要求上来的一个必要过程。

1. 金融功能性弱化引发价值迷失

金融最初诞生于经济社会活动的内在需要。一直以来，金融通过优化资源配置、缓解信息不对称、降低交易成本、增强风险抵御、促进生产消费流通等功能性作用彰显自身的价值定位。随着金融自由化、全球化的进程，金融自身的主体意识不断增强，价值理念逐渐分化，一种以盈利性为主导的价值定位逐步取代了以功能发挥为第一性的价值定位，成为引导金融活动的主要力量，而随之而来的金融无序扩张、脱实向虚及其引致的社会失范都是当前中国式现代化发展之路上必须面对和克服的“迷障”。

（1）金融规模崇拜带来的无序扩张

从工业革命至今，规模效应一直受到商业活动推崇，但盲目的规模崇拜引发的无序扩张往往是导致企业或行业周期衰退的源头，在这一规律面前金融行业也不例外。回顾金融的发展历程可以看到，在逐利动机、宏观经济环境以及行业竞争等多重因素的驱动下，金融机构往往存在片面追求规模快速增长的动机和行为。业务范围盲目地向多个金融领域拓展，跨行业金融产品大量涌现，资产规模在过度使用金融杠杆及不良资产隐藏的情况下出现泡沫化虚增。同时，金融机构与从业人员数量过度扩张，造成一系列的资源浪费与综合成本上升。这种无序扩张带来了诸多负面影响，如系统性风险增加、资源配置效率低下以及监管难度上升等，严重威胁着金融体系的稳定与健康发展。

首先，金融机构无序扩张往往伴随着过度的风险承担。为了迅速扩大规模，不少金融机构选择涉足高风险业务，如杠杆收购、复杂衍生品投资和投机性交易。这种风险的持续积累使得金融机构更容易受到市场波动的冲击，导致“金融泡沫”频繁产生。2008 年金融危机即是一个典型案例，次贷危机引发的大型银行破产潮揭示了金融无序扩张的巨大隐患。

其次，规模崇拜下的无序扩张加剧了市场的垄断和不公平竞争。大型金融机构通过频繁的并购和跨市场展业，占据了过多的市场份额，从而形成了高度集中的市场结构。这使得中小型机构难以进入市场，降低了市场的多样性和活力。例如，欧美的几大投行和商业银行在并购潮后成为全球金融市场的“寡头”，对市场规则和利率变动的影响力显著增强，从社会经济的参与者逐步演变为幕后的操纵者。如此一来，市场创新受限，客户选择减少，而超大型金融机构的利益在一定程度上优先于普通消费者的需求，金融也从服务于社会走向了服务于自身的歧路。

最后，金融规模崇拜导致系统性风险的集聚，形成了对社会整体的“风险绑架”。超大规模的金融机构形成了“太大而不能倒”的局面，政府和监管机构往往不得不在危机时对这些机构施以援手，以维护金融系统的稳定，然而这种救助政策反过来鼓励了金融机构的无序扩张。金融巨头抱着“有政府兜底”的心态，大胆进行高风险操作，加剧了金融市场的不稳定性。比如，在次贷危机中，美国政府不得不出手救助部分大银行和保险公司，这种道德风险无疑助长了金融机构的冒险行为，使金融机构进一步陷入规模崇拜的迷途。

（2）金融脱实向虚导致的自我循环

当实体经济的增长已经无法适配金融无序扩张的欲望时，缺乏正确价值引导的金融就容易脱实向虚，走上自我循环的路径。随着金融活动逐渐偏离实体经济需求，大量资金并非流向实体企业以支持生产、创新和就业，而是在各类金融机构之间、金融市场的不同产品之间频繁流动。在追逐短期盈利的冲动下，大量资本涌入虚拟金融产品和高风险投资工具，导致资源错配和定价扭曲，而对国家重大战略、社会薄弱环节、基础设施、制造业等实体经济真实需求的支持却明显减少。

在脱实向虚的导向下，金融体系的自我循环加速了风险传染和放大。金融资本快速流转于银行、证券、保险、资管等金融机构及金融产品之间，形成了高度依赖杠杆的市场生态。金融机构为了提升收益，开发出更多复杂的衍生品，通过杠杆效应放大资本，这使得市场风险层层叠加。例如在次贷危机中，银行通过将住房贷款证券化转嫁风险，而投资者通过复杂的衍生品交易进一步杠杆化，当房地产市场崩盘时，风险迅速在金融体系内传导并放大，最终外溢至实体经济。在我国金融发展历程中，影子银行的非标扩张、同业业务的层层嵌套、票证业务挂钩结构性存款等一系列套利现象也都是金融空转、自我循环的典型案例。

随着风险的外溢，金融自我循环也削弱了经济的稳定性和可持续性。金融业的高收益驱使更多资金脱离实体经济，实体经济的长期增长受限，反过来进一步激发金融机构依赖金融创新寻求短期回报，形成恶性循环。例如，美联储量化宽松政策导致大量资金流入股票和债券市场，推高资产价格，但对实体经济的拉动作用非常有限，“铁锈区”等一系列社会问题仍在持续加深。当金融市场的繁荣脱离了经济的实际增长，金融泡沫破裂的风险也会与日俱增，而泡沫破裂的后果最终也会给实体经济带来深远的负面影响。

（3）金融加速分化造成的社会失范

随着金融持续的循环和自身的杠杆加速效应，金融资源在不同地区、不同行业、不同群体间的分配越发不均匀，加剧了社会的不平等现象；在金融“精英论”的错误思想诱导下，一些金融从业者的不良言行更是引发了一系列社会失范现象，败坏了社会文明风气，损害了社会发展的公平、稳定，也使整个行业一再陷入负面舆论的旋涡之中。

首先，金融分化导致财富分配失衡，扩大了贫富差距。金融行业中的高收入人群通过投资股票、债券、信托等金融资产积累了大量财富，而低收入群体因缺乏金融资源，无法参与金融体系的利益分配，收入和财富的差距愈加悬殊。比如，西方社会顶层1%的富有人群的财富占比自2008年以来持续上升，这种占比的提升主要得益于资产升值，普通工薪阶层通过劳动获取的收入增长却停滞不前，甚至下降。财富分配的严重不均破坏了经济公平性，引发了社会不满，各种抗议游行经常爆发。

其次，金融分化导致资源错配，削弱了社会的流动性，加剧了社会不同阶层的撕裂。大量资本流入金融市场，对教育、医疗、公共服务等社会基础设施的投资却明显不足。这种资源错配限制了底层民众改善自身处境的机会。例如，美国教育和医疗支出的上涨速度远超普通家庭收入的增长速度，使得低收入群体难以负担这些基本服务。资源的分配不公加剧了阶层固化，进一步阻碍了社会的流动性，造成不同阶层之间的隔阂与疏离。

最后，金融分化还导致了社会价值观的扭曲，诱发失范行为。财富集中在少数人手中，使得财富成为社会成功的主要衡量标准，忽视了社会对诚信、节俭等传统美德的重视。一些人为了追逐财富不择手段，导致金融欺诈、内幕交易等违法行为屡见不鲜。近年来，一些企业通过财务造假虚增利润获取融资，上市公司通过造假推高股价实现大股东和管理层套利，各类金融欺诈案件不时见诸报端，不仅破坏了市场的公平性，也导致社会公信力下降，进而引发社会道德失范的恶性循环。

因此，金融加速分化不仅带来经济上的不平等，还削弱了社会的凝聚力和道德规范。要应对金融分化带来的社会失范问题，就必须引导金融服务于更广泛的社会利益，使之成为促进社会公平和可持续发展的重要助力。

2. 校正金融定位是当务之急

金融是现代经济的核心，“经济是肌体，金融是血脉”道出了金融对我国经济社会发展的关键作用。然而，随着金融发展重心逐渐偏向盈利性和短期资本回报，金融的核心价值定位正在被扭曲。定位的偏差更进一步引发了资源错配、经济不稳定和社会不平等问题，是国内外金融发展历程中的客观存在。当前，要整治各类金融乱象、化解金融存在的弊端，使之成为我国社会经济发展的有益助力，就必须把校正金融的价值定位作为重中之重。

（1）当前金融价值定位以盈利性为主

在我国金融“西学东渐”的过程中，盈利性逐步成为金融价值定位的主导。随着我国金融体制的市场化改革，金融机构的企业主体意识不断增强，逐步由传统的政策性金融向更具自主性和盈利性的市场化转型，在逐利动机的驱使下，将获取利润作为首要目标。无论是商业银行、证券公司、保险公司还是基金公司等各类金融机构，都致力于通过各种业务手段实现利润最大化，在贷款发放、投资决策、产品设计等方面，往往优先考虑回报率和收益水平。这使得资金更多地流向那些看似能带来高收益的领域，而可能忽视了一些具有长期社会价值但短期盈利不明显的项目。

形成今天以盈利性为主的局面与金融行业属性、市场化改革、西方影响和政策环境等多重因素密切相关。其一，金融行业本身就是一套完整的商业化资本运作体系，其主要目标是通过资源配置实现资本增值。无论是商业银行、证券公司、保险公司还是基金公司等，都需要通过投资回报和业务盈利维持运营与发展。可以说资本的逐利属性决定了金融机构天然具有以盈利为目标的倾向。同时，金融机构需要通过盈利来覆盖风险和成本，尤其是在我国经济结构调整、信用环境复杂的背景下，金融机构往往倾向于选择利润率高、风险可控的业务，而这种倾向的过度发展也给金融业打上了“晴天送伞、雨天收伞”的烙印。其二，改革开放以来，我国金融体系逐步由计划经济体制向市场化转型，强调通过市场竞争优化资源配置。在此过程中，金融机构通过自主定价和业务创新实现利润最大化。市场化改革带来的竞争压力以及股东对投资回报的要求都促使金融机构将盈利能力作为衡量业绩的核心标准。其三，在西方金融体系中，以盈利性为核心的企业价值观占据主导地位，随着我国融入全球经济，这种思想被大量引入我国金融行业。例如，无论是国有金融机构还是民营金融机构都以财务指标（如净资产收益率、成本收入比等）作为绩效考核的核心内容，进一步强化了盈利导向。其四，在数字化时代的背景下，金融科技的发展带来了更多高收益业务的可能性。例如，互联网金融、复杂衍生品、高频量化交易等都为金融机构创造了新的利润增长点，但也导致其更加注重短期回报，弱化了服务实体经济的功能。

（2）盈利性过度发展导致功能性弱化

这种以盈利性为主导的价值定位固然推动了金融市场的活跃和创新，但随着盈利性的过度发展也对金融原本应有的功能性形成了挤出效应，导致金融资源分配失衡，影响了经济社会稳定，甚至激发了道德风险和社会矛盾。首先，金融机构以利润为首要目标，必然导致资源分配向高收益领域倾斜，与实体经济的真实需求之间出现偏离。回顾过去，可以看到许多金融机构把资金集中投向房地产、资本市场等高回报领域，而对科技创新、中小微企业等需求旺盛但投入产出比不高的领域支持不足。这种资源错配不仅影响了经济结构优化，还削弱了制造业、农业等实体经济部门的活力，阻碍了经济高质量发展。其次，逐利动机驱使金融机构偏向高杠杆和复杂金融产品，增加了金融系统性风险。一些机构为获取更高利润，设计风险复杂的衍生产品或从事高杠杆交易。前几年的 P2P 爆雷事件和大量信托产品违约，正是过度逐利导致金融创新脱离实际需求的典型案例。这些风险不仅损害了投资者的利益，也威胁了金融体系的稳定性和公信力。最后，过度追求盈利还会削弱金融的普惠性，加剧社会不公平。以利润为导向的金融资源分配倾向于服务大企业和富裕客户，而农村地区、低收入群体及小微企业常因利润率较低被排除在服务范围之外。这种局面扩大了金融服务的鸿沟，制约了普惠金融的发展，与社会共同富裕的目标背道而驰。

（3）校正金融价值定位是时代所需

当前，中国经济正处于从高速增长向高质量发展转型的关键阶段，社会的主要矛盾也从“人民日益增长的物质文化需要同落后的社会生产之间的矛盾”转变为“人民日益增长的美好生活需要和不平衡不充分的发展之间的矛盾”。社会经济发展中存在的结构性问题、风险隐患和公平缺失等问题，与金融行业过度追求盈利性、忽视功能性密切相关。在此背景下，校正金融价值定位，使金融更好地服务实体经济、系统性风险防控和社会公平，已成为眼下中国金融发展极为紧迫之必须。

当前和今后一个时期是以中国式现代化全面推进强国建设、民族复兴伟业的关键时期，金融是国民经济的血脉，是国家核心竞争力的重要组成部分。党的二十届三中全会《中共中央关于进一步全面深化改革、推进中国式现代化的决定》表明，金融领域改革是我国全面深化改革的重要组成部分，必须坚定不移推进金融治理体系和治理能力现代化建设，加强对重大战略、重点领域、薄弱环节的优质金融服务，持续深化金融供给侧结构性改革，积极发展科技金融、绿色金融、普惠金融、养老金融、数字金融。要保障上述金融功能落地就必须下大力气进行制度建设，完善金融机构的定位和治理，进而从根本上正确处理好功能性与盈利性的关系，使金融能够更好、更优服务于实体经济，为推动社会经济高质量发展、实现共同富裕和中华民族伟大复兴提供动力。

重塑金融价值评价是校正金融定位的根本之策

中央金融工作会议及之后召开的系列会议对未来金融发展提出了新目标新要求，党的二十届三中全会就深化金融体制改革也作出了重大部署，其要义充分反映了金融的政治性和人民性，强调了坚定不移走中国特色金融发展之路、积极培育中国特色金融文化、完善金融机构定位和治理等必要关切之处。中央金融工作会议用“八个坚持”精辟概括了中国特色金融发展之路的核心要义，为找准问题症结、校正金融定位提供了根本遵循。从目前我国的实际现状来看，金融机构过于偏重规模、利润、不良率等业务绩效指标的问题仍然突出，若不真正改变对金融机构的价值评价，以考核评价为抓手校正当下的金融价值定位，则难以走出原有路径依赖。因此，校正金融定位面临的一个重大课题就是构建一套符合中国式现代化、中国特色金融发展方向的金融价值评价体系，如此才能将“八个坚持”落实到推进金融高质量发展、加快建设“金融强国”、打造“强大的金融机构”的具体行动上，从而使金融更好肩负起服务实体经济的主责主业和“国之大者”的使命担当。

1. 重塑金融价值评价是“八个坚持”真正落地的必要保障

习近平总书记关于中国特色金融发展之路的重要论述是习近平新时代中国特色社会主义思想的重要组成部分，回答了“什么是中国特色金融发展之路，为什么要走中国特色金融发展之路，怎样走中国特色金融发展之路”等一系列基本问题，是一个内涵丰富、结构完备、意蕴深远的系统体系。“八个坚持”是对中国特色金融发展之路的精辟概括，既体现了金融发展的一般规律，又具有符合中国国情实际的鲜明特色；既包含世界观，又包含方法论；既有理论原则，又有实践方略，明确了新时代新征程金融工作怎么看、怎么干。重塑金融价值评价是以“八个坚持”为根本遵循，将“八个坚持”蕴含的重要要求融入金融价值评价之中，用考核评价的方式保障“八个坚持”真正落地。

一是保障落实金融工作政治性、人民性的要求。在“八个坚持”中，

“坚持党中央对金融工作的集中统一领导”和“坚持以人民为中心的价值取向”具有统领地位，是中国特色金融之路最本质、最核心的特征，回答了新时代金融工作“谁领导”“为了谁”的问题，是重塑金融价值评价体系的“根与魂”。构建中国特色金融价值评价体系，要将党对金融工作的集中统一领导作为根本原则，坚持发挥党把方向、谋大局、定政策、促改革的关键作用，任何时候都不能有丝毫的偏颇和动摇。再进一步说，党开展一切工作、谋划一切事业，归根结底都是为了满足人民愿望、顺应人民需要、契合人民诉求。对金融工作的价值评判要将是否有助于实现人民对美好生活的向往作为出发点和落脚点，更加注重金融发展的普惠性，让广大人民群众共享金融发展成果。通过重塑金融价值评价保障落实政治性、人民性的要求是中国特色金融发展之路与西方金融发展道路的显著区别。

二是保障落实经济金融高质量发展的要求。在“八个坚持”中，“坚持把金融服务实体经济作为根本宗旨”和“坚持把防控风险作为金融工作的永恒主题”指明了走好中国特色金融发展之路的两个核心任务，是重塑金融价值评价体系的“本与旨”。经济高质量发展和金融高质量发展两者双向奔赴、互为支撑。金融业要着力促进实体经济高质量发展，并在这一过程中守牢不发生系统性风险底线，实现自身高质量发展。马克思在《资本论》第三卷中指出，“虚拟资本有它的独特的运动”，金融一旦脱离为实体经济服务的根本宗旨，就会患上“企图不用生产过程作媒介而赚到钱”的“狂想病”。金融与实体经济存在共生共荣、一损俱损的不可分割关系，只有坚持服务实体经济，切实发挥金融反哺作用，才能为金融高质量发展提供基础保障。同时，把防控风险作为金融工作的永恒主题与强调金融服务实体经济是辩证统一的，服务实体经济不但是金融的天职和宗旨，也是防范金融风险的根本举措，将服务实体经济与防控金融风险深刻融入金融价值评价体系之中，有利于保障经济金融高质量发展，推动中国特色金融发展之路行稳致远。

三是保障落实发展、改革、稳定“三维统一”的要求。在“八个坚持”中，“坚持在市场化法治化轨道上推进金融创新发展”“坚持深化金融供给侧结构性改革”“坚持统筹金融开放和安全”和“坚持稳中求进工作总基调”系统总结了新时代金融工作正确处理发展、改革、稳定三者关系的基本经验，是中国特色金融发展之路长期坚持的重大原则，是重塑金融价值评价体系的“质与效”。发展是根本目的，只有依靠市场化法治化的创新发展才能从根本上化解社会主要矛盾，并通过金融开放获取资源、积累经验、建立优势，积蓄长期稳定发展的深厚底蕴；改革是强大动力，金融供给侧结构性改革以金融资源优化配置为主要渠道，有利于破解金融发展不平衡不充分这一难题，是中国特色金融必须彰显的显著优势；稳定是基本前提，要坚持底线思维，只有在经济社会平稳运行的前提下才能谋发展、促改革，确保安全和稳定是实现开放与进步的前提条件。对金融工作的价值评价，不仅要看“量”，更要在稳定的基础上推动发展改革的“提质增效”，保障落实发展、改革、稳定的“三维统一”。

2. 重塑金融价值评价是培育中国特色金融文化的重要支撑

金融文化对外是一种软实力，对内是一种向心力，加快培育符合社会主义先进文化发展方向的中国特色金融文化，形成我国金融业独特的核心价值、行为规范、行业风貌等，直接关系到金融高质量发展和中国式现代化建设全局。习近平总书记强调要积极培育中国特色金融文化，做到“诚实守信，不逾越底线；以义取利，不唯利是图；稳健审慎，不急功近利；守正创新，不脱实向虚；依法合规，不胡作非为”，为中国特色金融发展之路树立了文化旗帜，是中国式金融区别于西方金融的底蕴所在。推进中国特色金融发展，“八个坚持”是中国特色金融发展之路的核心要义，而“五要五不”从文化伦理的角度明确了金融工作的是与非、对与错、优与劣。中国特色金融文化是中华优秀传统文化的创造性转化和创新性发展，涵养了我国新时代金融工作的价值追求。重塑金融价值评价以“五要五不”为必然要求，支撑中国特色金融文化的培育和弘扬。

“民惟邦本，本固邦宁”，深刻挖掘中华优秀传统文化“民本思想”的现代价值，就是要将政治性与人民性深刻贯穿金融高质量发展实践之中，让金融发展成果更多更公平惠及全体人民，这是中国特色金融最基本的价值追求，具有统领地位。

进一步来看，“五要五不”关乎“诚信观”“义利观”“中庸观”“革新观”“礼法观”，分别从不同角度赋予金融以深厚的人文精神和向善而行的行业品格。“诚信观”是实践基石。“诚实守信，不逾越底线”在“五要五不”中居首位。内诚于心、外信于行，诚信是中国传统社会中具有普遍意义的伦理道德规范，并具有经世致用的现实意义，形塑了诚实守信的金融文化。“诚信观”的现代价值在于金融业要尊重客观事实，严格信守承诺，自发自觉地追求个体道德，不逾越道德底线。“义利观”是价值取向。“义利之辨”贯穿中国古代哲学发展的链条，“先义而后利者荣，先利而后义者辱”，中华优秀传统文化蕴含着利济苍生、义利兼顾的伦理思想。中央金融工作会议首次重点提出了要“以义取利”，金融的“义”是金融机构主动让利、从业人员不谋私利的“道义”，更是金融发挥好自身功能为中国式现代化提供有力支撑的“大义”。“义利观”的现代价值在于金融业要平衡好功能性与盈利性的关系，将社会价值判断置于与收益价值判断同等重要或者更为重要的位置。“中庸观”是推进原则。古代先哲们提倡

“执两用中、守中致和”的思维方法和道德实践，子思对中庸思想做了系统的阐述，表征为一个恰切的“度”字，强调适用，反对走极端，认为“过犹不及”。“慎重则必成，轻发则多败”，金融业是特殊的高风险行业，“中庸观”的现代价值在于金融业应视稳健审慎为生存法则，克制急于求成、急功近利的思想倾向。“革新观”是精神特质。“革，去故也；鼎，取新也”，革故鼎新是中华民族传承不息的精神禀赋，“苟日新，日日新，又日新”“知常明变”等传统文化思想强调既要坚守真理，又要勇于创新。“革新观”的现代价值在于金融业要坚守服务实体经济的正道，持续开拓变革，切实加大对重大战略、重点领域和薄弱环节的金融服务力度。“礼法观”是重要理念。儒家文化强调“礼”制规范，寓教于“乐”，法家文化强调“法”制规范，采取“硬约束”，礼法结合、德法共治蕴含丰富而深刻的政治智慧。金融业与“金钱”打交道，天然面临着较高的道德风险、操作风险。“礼法观”的现代价值在于金融业必须坚持强监管、重规则、严法治，让所有金融从业者秉承合规理念，真正做到“依法合规、不胡作非为”。

3. 重塑金融价值评价是完善金融机构定位和治理的关键路径

现代金融体系主要包括六大支柱：金融市场体系、金融机构体系、金融产品和服务体系、金融调控体系、金融监管体系以及金融基础设施。其中，金融机构体系是建设金融强国最重要的微观基础，是重塑金融价值评价的具体落脚点。

我国已经迈向金融大国之列，截至2024年第二季度末，金融业机构总资产超过480万亿元，其中银行业机构数量超过4000家、资产规模居全球第一位，保险、股票和债券市场规模居全球第二位。同时我们也要看到，金融机构发展相较于金融强国所要求的“强大的金融机构”还有一定差距。中央金融工作会议着重指出“金融领域各种矛盾和问题相互交织、相互影响”“金融服务实体经济的质效不高”，金融机构发展存在间接融资和直接融资不平衡不协调，支持科技创新、绿色转型、中小微企业不够充分有力，一些地区高风险中小金融机构偏离定位、治理失效等问题，这些都是构建中国特色金融价值评价体系的重要切口。

党的二十届三中全会审议通过《中共中央关于进一步全面深化改革、推进中国式现代化的决定》，提出要“完善金融机构定位和治理，健全服务实体经济的激励约束机制”。重塑以功能性为主导的金融价值评价是完善金融机构定位和治理的关键路径，有利于纠正金融机构偏离定位和盲目扩张行为，推动金融机构树立正确的经营观、业绩观和风险观。

围绕“完善金融机构定位和治理”的要求，重塑金融价值评价重点是从以下两个方面发挥作用。一方面，通过重塑金融价值评价推动金融机构准确定位，坚守主责主业。为实体经济服务是金融的天职和立业之本，只有在服务实体经济中金融机构才能充分实现自身价值、获得合理回报，例如金融“五篇大文章”就是推动金融机构优化金融服务、增加有效供给的针对性部署。目前我国金融机构已经门类齐全，不同金融机构的价值评价应有所侧重，推动实现错位发展、优势互补，在服务实体经济上各司其职、各展所长。国有大型金融机构要做优做强，当好服务实体经济的主力军和维护金融稳定的压舱石，同时加强国际化布局，增强我国金融机构在国际金融界的话语权和影响力。中小金融机构要差异化发展，立足当地开展特色化经营，提升发展韧性。政策性金融机构要强化职能定位，聚焦服务国家战略，主要做商业性金融机构干不了、干不好的业务。另一方面，通过重塑金融价值评价推动金融机构加强治理，防范化解风险。2019 年起，个别城商行、部分地区的村镇银行陆续爆发风险事件，如河南等地村镇银行出现的“取款难”问题引起了广泛关注。地区经济增长疲软或放缓可能是风险暴露的诱发因素，更重要的原因是部分中小金融机构的公司治理和内控合规制度不健全。因此，公司治理情况是评价金融机构高质量发展、可持续发展的重要指标，要发挥价值评价体系考核棒作用，以此实现金融机构公司治理的持续完善，具体包括：一是深化党建与公司治理的有机融合；二是优化股东利润考核和评价机制，紧盯“关键人”“关键事”“关键行为”，严防大股东操纵和内部人控制；三是提升董事会运作的有效性，加强对董事会、高级管理层履职行为的监督，健全服务实体经济的尽职免责规定，建立敢贷愿贷能贷会贷的长效机制，不搞偏离实体经济、自我循环、自我膨胀的“伪创新”。

新阶段下中国特色金融价值评价体系的使命担当

当前，我国高质量发展正进入盘活存量、整合资源、打造生态的新阶段，其重要特征就是从外延式扩张转向内涵式发展，从要素驱动转向创新驱动，从做大增量转向调整存量、做优增量并举。为顺应经济社会发展的战略需要和阶段特征，较为迫切的是重塑一套与高质量发展要求相适应的金融价值评价体系，立足强化金融功能性、从社会看金融的评价导向，推动金融价值评价体系从“指挥棒”升级为“推进器”、从“检测站”转型为“加油站”，为高质量发展创造更多新动能，使之服从服务于中国式现代化，助力强国建设和民族复兴伟业。

1. 以中国特色金融价值评价体系应对数字化变局

随着数字技术快速发展，金融与技术融合演进，金融发展模式加速重构，开启了金融数字化转型的进程。习近平总书记指出，“当今时代，数字技术、数字经济是世界科技革命和产业变革的先机，是新一轮国际竞争重点领域”。金融因其行业属性，天然具有信息密集和数据驱动的特征，因此必将在数字化时代的变革中催生出种种逻辑和模式的进化。就眼下来看，一方面，数字化催生了新的金融服务模式。数字技术打破了传统金融服务的时空限制，拓展了金融服务的领域，推动了金融服务场景的融合拓展。另一方面，数字化改变了金融风险管理逻辑。数字化伴生出多样化的风险类型，并正以前所未有的速度和深度重构金融风险管理逻辑，这同样成为金融发展亟待解决的问题。此外，数字化重塑了金融创新与竞争格局。在数字化时代，金融发展依赖于一个数字技术生态系统，其中的颠覆性技术包括与金融有关的大数据、人工智能、机器学习、区块链、数字代币和物联网等。这些技术的运作具有高度的互补性，为金融创新提供了更多可能，但同时带来新的问题，如数字鸿沟、数字安全以及数字金融监管挑战等数字金融治理问题。

无论是从适应新变化的角度出发，还是从解决新问题的需要出发，金融都需要作出改变以适应数字化带来的影响，而引导金融发展的驱动引擎就在于从金融的功能性出发，重塑金融的价值评价体系。在中国式现代化下，应对数字化的影响，单单依靠金融机构的自发行为和“各自为政”去探索显然难以达成，而是需要站在深化金融体制改革的高度，以系统性重塑金融价值评价体系来引导金融应对和拥抱数字化。当重塑金融价值评价体系成为数字化下的必然选择后，以何种导向进行重塑就成为需要回答的关键问题。正如布莱特·金在《银行4.0》中所提到的，面对日新月异的科技发展带来的机遇和挑战，金融要回归本质解决问题，用“第一性原理”重新思考体系架构。而在中国式现代化下，金融的“第一性原理”就是服务实体的功能性第一位，这就确立了数字化下重塑金融价值评价体系的主要导向。

一是引导金融主动拥抱数字化下的普惠金融服务创新，让金融回归普惠大众的社会价值。数字化促使金融服务发生巨大变革，极大地拓展了金融服务的覆盖范围，为提升金融普惠性、可及性创造了条件。然而，传统金融价值评价体系侧重金融机构的财务绩效与资产规模等指标，难以引导金融真正提供优质普惠金融服务。如果金融价值评价体系出现了偏差，则数字化可能会放大而不是弥补对社会金融服务的不足。因此，需要通过校正和重塑价值评价体系，引导金融机构用好数字化条件，满足社会大众对金融服务日益增长的多元化需求，提升金融在促进社会公平性与包容性方面的价值贡献。

二是引导金融创新更好支持实体经济数字化转型。在数字化浪潮下，实体经济的数字化转型进程加速，需要金融从长期主义出发，深度参与实体经济的创新发展、产业升级以及供应链优化等全周期、多环节，为产业转型发展提供长期支持；但在现有金融价值评价体系考核下，金融机构过度关注自身短期收益，对服务实体经济数字化转型的长期社会价值考虑不足。因此，需要重塑评价体系，引导金融机构将资源更多地配置到符合实体经济数字化转型方向的领域，推动整个社会经济结构的优化升级，助力构建现代产业体系。

三是强化数字化下金融风险管控和社会治理的综合考量。在数字化下，金融依托数字技术可以提升金融运行效率，更好服务经济社会高质量发展，但也带来了新的风险挑战，如网络安全风险、数据隐私泄露风险以及算法偏差导致的系统性风险等。在“万物互联”时代，风险也会通过数字化网络加速传播；而在传统金融价值评价体系下，金融风险管控主要立足于金融机构自身安全且主要依赖于经验分析，难以全面反映金融机构在社会整体风险管理和社会治理中的价值。因此，重塑金融价值评价体系，能够引导金融体系全面关注数字金融风险特征并增强社会责任意识，促使其在追求经济效益的同时，更加注重社会价值的维护与提升，保障金融体系与社会环境和谐稳定发展，构建一个安全、公平、可持续发展的金融服务新范式。

2. 以中国特色金融价值评价体系回应高质量发展要求

高质量发展是全面建设社会主义现代化国家的首要任务。金融是现代经济的核心，是资源配置和宏观调控的重要工具，金融高质量发展既是经济社会高质量发展的基础条件和构成内容，更是动力源和推进器。一方面，要深化金融供给侧结构性改革，实现“质”的有效提升与“量”的合理增长；另一方面，金融要为经济社会发展提供高质量服务，为中国式现代化提供有力支撑。为了实现金融高质量发展，必须深刻把握金融工作的政治性、人民性，坚定不移走中国特色金融发展之路，而真正将“八个坚持”落实到具体行动的关键是基于对当前金融定位的深刻反思，重塑一套中国特色金融价值评价体系。

评判一套金融价值评价体系的合理性，核心在于其是否适应国情和时代发展需要。进入高质量发展阶段，金融的价值应以服务经济社会高质量发展为主要考量标准，单纯以金融业增加值、金融业利润率等盈利能力指标评价金融高质量发展水平失之偏颇，无法真正体现金融的实际社会价值，更有可能掩盖金融偏离服务经济社会发展功能定位的程度。在国内现行主流金融价值评价体系中，财政部以出资人身份从“管资本”角度实施《商业银行绩效评价办法》，侧重考核国有资本保值增值、分红利税上缴等综合情况；人民银行从逆周期调节和系统性风险防控的角度实施宏观审慎评估体系（MPA），侧重货币信贷政策执行情况；原银保监会基于保护存款人和债权人利益的立场，从合规性和防风险的角度实施《商业银行监管评级办法》，侧重监管银行的各类风险以及公司治理等情况。为满足实体经济金融服务需求，中国人民银行、原银保监会主导的评价体系先后增加了普惠金融、绿色金融的考核指标，财政部 2021 年修订的《商业银行绩效评价办法》新增了“服务国家发展目标和实体经济”的评价维度。从当前实际现状来看，金融价值评价体系对社会价值的功能性发挥仍然停留在号召、倡导阶段，以盈利性为主导的问题依然突出，实践中往往是集团、总行党委讲政治、讲站位，但落实到基层分支机构又是以 KPI 绩效考核为主导，只关心营业收入、净利润、经济增加值等财务指标，距离“盈利要服从功能发挥”的要求，尤其是距离将“八个坚持”落实到金融机构的经营中、落实到从业人员的行为中的目标仍有较大差距。

习近平总书记在省部级主要领导干部推动金融高质量发展专题研讨班上的讲话中强调“金融具有功能性和盈利性双重属性，盈利要服从功能发挥。金融行业要履行好社会责任，实现金融与经济、社会、环境共生共荣”。基于此，应以校正金融定位为逻辑基点，重塑形成与高质量发展相适应的中国特色金融价值评价体系，通过强化金融功能性评价导向，提高功能性评价权重、压缩盈利性评价权重，以此引导金融机构树立功能优先的经营观、业绩观和风险观，不贪图短利、不急躁冒进、不超越风险承受能力而过度冒险，坚持国家利益优先、人民利益至上，推动金融资源真正集聚到高质量发展的战略方向、重点领域和薄弱环节上来，在有效服务经济社会高质量发展中获取合理回报，实现经济价值和社会价值的统一。

3. 以中国特色金融价值评价体系服务于中国式现代化建设

中国式现代化是强国建设、民族复兴的康庄大道，既有各国现代化的共同特征，更有由历史传统、社会制度、发展条件、外部环境等诸多因素决定的中国特色。在和平发展的道路上，规模巨大的人口要实现共同富裕、实现物质文明和精神文明相协调、实现人与自然和谐共生，必然离不开中国共产党的领导，离不开对人民群众对美好生活向往的关注，也离不开坚实的物质经济基础。这就要求金融作为国之重器，应更加注重为推动实现中国式现代化提供动能支撑，不能简单就金融论金融，而是要从全局看金融、从社会看金融，通过构建中国特色金融价值评价体系，进一步强化“党中央对金融工作的领导、以人民为中心、经济金融共生共荣”的功能取向，使之服从服务于中国式现代化建设。

一是坚持党中央集中统一领导，为金融价值评价注入金融报国理念。党的领导是中国特色金融发展之路最本质的特征，也是中国式现代化的本质要求，是我国金融发展最大的政治优势、制度优势。中国特色金融价值评价体系坚守党对金融工作的集中统一领导这一根本要求，强化金融报国评价理念。一方面，引导金融机构胸怀“国之大者”，提高政治站位，积极服务国家中心大局，以创新驱动发展、区域协调发展、乡村振兴、碳达峰碳中和、新质生产力等一系列具有全局性、长远性影响力的重大战略需求为牵引驱动金融高质量发展。另一方面，要求把党的领导融入金融机构的公司治理中，切实保障党组织发挥把方向、管大局、保落实的作用，压实金融机构主体责任，强化金融风险防控和合规审慎经营。

二是坚持以人民为中心，为金融价值评价注入社会价值理念。“天地之大，黎元为先”，“以人民为中心”是中国式现代化的价值旨归，是中国式现代化与西方式现代化的本质区别。西方现代化之路是“以资本为中心的少数人的现代化”，而中国式现代化以实现全体人民共同富裕为目标，坚持发展为了人民、发展依靠人民、发展成果由人民共享。我国金融发展应顺应人民群众对美好生活的向往，把增进民生福祉作为金融工作的出发点和落脚点。中国特色金融价值评价体系坚持以人民为中心的金融发展观，对金融价值的考量不能单纯局限于金融业自身的增加值或金融机构自身的市场价值，而是拓展至金融在促进机会平等和公平正义、服务保障民生、带动就业创业、缩小收入差距、改善区域城乡发展不平衡、助力共同富裕等诸多方面所创造的社会价值，围绕金融服务的覆盖面、可得性、安全性、便捷性和满意度构建社会价值评判标准，引导金融机构持续完善金融产品和服务体系、降低金融交易门槛，打通金融服务“最后一公里”。

三是坚持经济金融共生共荣，为金融价值评价注入服务实业理念。实现中国式现代化，是中国式现代化的物质根基，必须坚持以经济建设为中心，发展壮大实体经济。一方面，为实体经济服务，满足经济社会发展需要是金融的本分和宗旨。金融不仅利用期限转换、信用转换等方式实现资本跨时空配置，引导实体经济资源优化配置，而且通过发挥信息揭示和甄别优势，实现风险缓释和流动性不匹配的转移，提高实体经济风险防控和化解能力。另一方面，金融高质量发展是在持续满足实体经济的需求过程中实现的，离开了实体经济的高质量发展，金融将成为无源之水，失去高质量发展的方向和动力。若金融严重脱实向虚，资产价格泡沫破裂将引发严重的系统性金融危机，给实体经济造成巨大的冲击和破坏。主张为实体经济服务是防范金融风险的根本举措，也是跨越西方“资本至上”陷阱得出的深刻洞见。中国特色金融价值评价体系牢固树立经济金融共生共荣的理念，构建金融有效支持实体经济的评判标准，切实提高金融服务实体经济的效率和水平，引导经济与金融形成良性循环。

第二章

历史逻辑：
金融价值的溯源、演变与反思

以史为鉴，可以知兴替。中西方金融发展的“分流”与“合流”始终是学界和业界关注的重点。从历史纵向来看，金融价值观的演进过程反映了各国在不同经济发展阶段的独特需求和环境。从荷兰的商业金融革命到英国的工业金融创新，再到美国的金融殖民，每个阶段的金融变革都塑造了各自的经济命运和全球影响力。西方金融体系的发展历程揭示了金融创新的“双刃剑”效应，即在推动经济繁荣的同时，也带来了潜在的风险和不稳定性。与此同时，中国的金融发展历程则体现了一种逐步吸收、反思和创新的过程。从引入西方金融理念，到在本土环境中进行调整和融合，中国逐步探索出一条符合自身国情的金融发展道路。在这一过程中，金融不仅是经济增长的工具，更是服务国家战略和社会经济薄弱环节的重要手段。通过回顾中西方金融价值观的历史演变，我们不仅看到了金融发展的多样性和复杂性，也领悟到了重塑中国特色金融价值观的重要性和必要性。这种历史反思为我们提供了宝贵的经验指导，有助于推动金融体系的现代化建设，支持经济的高质量发展。

金融发展关乎大国兴衰

金融的走向与大国兴衰息息相关。诺贝尔奖获得者约翰·希克斯在其著作《经济史理论》中指出，“工业革命不是技术创新的结果，或至少不是其直接作用的结果，而是英国金融革命的结果”。他认为，工业革命早期使用的技术创新在工业革命之前就已经存在，但由于缺乏大规模、低成本的长期资金的支持，这些技术创新难以从小规模作坊阶段走向大规模工业生产阶段。只有低利率和大规模投资才能将技术革新转化为生产力的飞跃，也就是说，“工业革命不得不等候金融革命”。然而，美国经济学家约翰·肯尼斯·加尔布雷斯揭示了金融的另一面——风险和泡沫。他在其著作《1929 年大崩盘》中强调，在经济高速发展的年代，人们最容易丧失风险观念，最容易被乐观情绪推着走向投资陷阱。金融泡沫和投机行为导致了股市的崩盘，阻碍了国家的发展。

1. 荷兰：现代金融雏形支撑商业贸易扩张

荷兰被誉为现代金融的发源地，其金融革命不仅使阿姆斯特丹一跃成为 17 世纪的全球金融中心，也推进了现代金融体系的诞生。荷兰在信贷体系、股票、国债以及衍生品市场上的探索不仅构筑了现代金融体系雏形，也为其商业殖民扩张提供了广泛的资金来源，使得荷兰在全球贸易竞争中脱颖而出，建立了一个空前庞大的商业帝国。然而，当金融发展脱离实体经济时，随之而来的金融泡沫最终导致荷兰经济遭受重创，曾经的辉煌在短时间内黯然失色。

金融体系构建促进商业殖民。1609 年，阿姆斯特丹银行的成立标志着现代银行体系的诞生，成为荷兰商业拓展的金融支柱。通过提供低息贷款和推出“委托贸易”及“期货贸易”等创新金融工具，阿姆斯特丹银行有效地推动了荷兰商业的繁荣，并使其成为欧洲的信贷中心。17 世纪初，阿姆斯特丹股票交易所成立，股份制企业得到了新的融资渠道，大大增强了资本市场的活力，为荷兰的对外贸易和殖民扩张提供了充足的资本。与此同时，荷兰政府积极借鉴意大利城邦的经验，完善国债市场，通过发行政府债券筹集资金，为殖民扩张和战争提供支持。金融创新支撑的金融体系有效地整合了社会各阶层的资源，将全国力量集中到海上贸易和商业扩张中，推动了荷兰的快速崛起。然而，我们必须注意到，监管的缺失为后来的金融泡沫化埋下了伏笔。

金融监管缺失引发经济危机。随着商业殖民到达顶峰，海运贸易创造的利润不断翻倍，引发全民炒股热潮。大量资本涌入荷兰股市，投机行为盛行。无序的金融自由化导致实体经济的空心化，资金大量投入高风险、高回报的投机活动，忽视了对实体经济，特别是制造业的投资和创新。原本领先的手工工场因缺乏资金支持而逐渐衰落，造船业也被利润更高的花卉种植业取代。金融监管缺位导致未能及时遏制这种行为，最终“郁金香泡沫”破裂，引发了严重的经济危机。财富蒸发、债务危机加剧、人口流失和劳动力短缺使得荷兰经济陷入长期低迷。此外，商业资本的无国界性在监管缺失的情况下展现出其负面影响。为了追求利润最大化，资本可以轻易地跨越国界，甚至投资敌国的战争债券，最终削弱了荷兰的国力，使其在与英国的战争中败北，失去了世界金融霸权的地位。

荷兰的兴衰历程深刻地揭示了金融创新与经济稳定之间的复杂关系。尽管金融创新能够显著推动经济增长，但过度投机和金融泡沫的潜在风险不容忽视。一个健康的经济体必须在金融创新与实体经济发展之间取得平衡，避免过度依赖金融投机，以实现可持续发展。同时，国家需要建立有效的监管机制，以防范金融风险，维护经济稳定。

2. 英国：银行体系创新推动工业体系崛起

17 世纪末，英国依靠中央银行和商业银行体系提供的资本支持，不仅使得伦敦接棒阿姆斯特丹成为新的国际金融中心，还成功推动了第一次工业革命，奠定了工业强国的地位。“大金融”理论强调金融与实体经济相结合，英国的工业革命和金融革命正是这一理论的经典诠释——工业部门的资本需求和政府的借款需要促成了金融革命；金融革命反过来为工业革命提供所需资金，促进了现代工业体系的崛起。然而，该体系“效率性”不足，无法支撑技术的持续创新和产业结构的调整升级，使英国在第二次工业革命中错失良机，逐渐走向衰落。

银行体系创新支撑第一次工业革命。英国的工业革命与其发达的金融体系密不可分。1688 年“光荣革命”后，威廉三世带来了荷兰的金融从业者和先进的金融理念。革命确立了君主立宪制，并通过限制王权和加强议会的财政监督，奠定了金融革命的制度基础，推动了资产阶级的崛起。1694 年，英格兰银行创立，成为英国金融体系扩张的中心和稳定器。其自诞生起就是全能银行，承担着发行货币、代理政府债券和提供战争融资等职能，促进伦敦金融市场的繁荣发展。国债市场的有序运行结束了封建君主的无节制征税，为政府筹资提供了信用保障，使英国在与法国、西班牙和荷兰的战争中频频获胜，奠定了其国际地位。1720 年，为应对“南海泡沫”金融危机，英国政府制定《泡沫法案》以限制股份自由转让，使股票市场发展受限。资金开始投入更安全的领域，推动了城市私人银行、地方银行等商业银行发展。中央银行和商业银行共同构建的银行网络体系成为英国近代金融体系的主体和基础。1773 年，英国成立了第一家证券交易所，后发展为伦敦证券交易所，股份制公司融资途径得到拓宽。金融体系的逐步完善为工业革命注入资本燃料和动力，推动工业经济跨越式发展。在几个世纪间，英国殖民地几乎填满了全球版图，为其贸易提供了源源不断的原料和市场。依靠“世界工厂”的经济大国地位和“日不落帝国”的殖民统治大国地位，英国建立了以黄金为基础、以英镑为世界货币的国际金本位体系，成为世界政治、经济和金融中心。

金融效率不足错失第二次工业革命。在殖民地扩张带来的财富洪流的持续冲击下，英国财阀不再重视工业创新的长期投资。逐利性在财富积累过程中被无限放大，资本不再眷顾本土工业，而是热衷于在国际市场上寻求投资机会。英国商业银行体系在第一次工业革命中迅速崛起，然而，这种发展却走向了畸形的“托拉斯”式集中垄断。少数几家大银行拥有大部分资本，并最大限度地占用稀缺资源为世界提供信贷，以赚取短期收益。国内中小企业的融资机会被压缩，创新项目因资金缺乏而夭折。此外，英国的金融机构长期处于保守的经验状态，沉浸在传统产业和旧有商业模式的舒适区，缺乏对新兴产业和技术的敏感性。在第二次工业革命中崭露头角的电力和化学工业等领域没有得到英国金融体系的资金支持，产业化进程无法得到迅速推进。世界科技中心逐步转移到德国和美国，英国错失第二次工业革命。与此同时，第一次世界大战和第二次世界大战使英国陷入军备竞赛中，经济遭受重创，并背负上沉重的债务。第二次世界大战中英国的黄金储备基本用完，而美国拥有了全世界 75% 的黄金储备。在此情况下，英镑含金量大大降低。1931 年，英国被迫退出金本位制，英镑的国际货币地位名存实亡，逐渐被美元替代，伦敦也丧失了世界金融中心的地位。

英国的兴衰历程揭示了金融体系与工业发展之间的深刻联系。尽管金融体系的完善可以为工业革命提供资金支持，但资本过度集中带来的金融低效风险同样不容小觑。一个国家必须在金融创新与工业发展之间取得平衡，确保金融体系能够支持持续的技术进步和产业升级。同时，国家需要制定有效的政策引导资本投资关键领域，以维护经济长期稳定和可持续发展。

3. 美国：金融领域创新强化世界霸主地位

美国被视为现代金融霸权的象征，其独特的金融创新不仅使纽约在20世纪崛起为全球金融中心，还为其经济扩张提供了充足的资金来源，使得美国在全球经济竞争中脱颖而出，建立了一个空前强大的经济帝国。然而，金融体系的高度自由化也埋下了金融危机的隐患，美国的霸权地位不断受到新兴经济体挑战。

金融领域创新实现全球金融殖民。1783年，美国独立战争胜利后，新国家面临巨额债务和财政危机。财政部部长汉密尔顿提出国债旋转门计划，发行新货币，可与旧币1:1兑换，自此旧币退出市场，取而代之的是信誉良好的新币。之后，财政部发行新债券，回流新币偿付旧债券，巧妙地解决了债务问题，为美国经济的稳定打下了基础。第二次世界大战后，美元通过布雷顿森林体系彻底击垮英镑，成为新的货币霸主。1973年，布雷顿森林体系崩溃，美元转化为真正的信用货币。通过发行货币或债务，美国可以动员全球资源，获取无法估量的利益。与此同时，第二次世界大战对参战各国实力的削弱极为严重，远离战场的地理优势和更为可靠的金融环境使得美国吸引了大量资本的投靠。美国以投资银行为主体的市场主导型金融体系具有天然的资本运营能力，实现了资本的市场化流动及有效配置。通过融资证券化和资本证券化，投资银行提供了经济快速增长所需的更高流动性和信用催化，为科技创新和企业扩张提供资金支持，支撑美国经济结构调整和产业升级，为开展第二次工业革命打下基础。自此华尔街成为美国金融的核心地带，纽约成为新的世界金融中心。

金融高度自由引致全球金融危机。美国投资银行体系具有极强的创新能力，但该体系金融自由化程度高，且缺乏严格监管，因此“稳定性”不足，存在脱离实体经济和金融泡沫化的风险。20 世纪初，美国银行业投机盛行，大量银行贷款被高利息回报的信托投资公司作为抵押投在高风险的股市和债券上，尼克伯克信托公司收购联合铜业公司股票失败，引发挤兑和华尔街恐慌，股价暴跌。1929 年，美国股市投机过热，信贷过度扩张，脆弱的银行体系无法承受股市崩盘后的投资者信心崩溃，大量机构倒闭。此后，美国和全球进入长达 10 年的经济大萧条时期。2007 年，美国次贷市场崩溃，高风险抵押贷款、复杂金融衍生品泛滥以及金融机构过度杠杆化导致主要银行破产。信贷市场冻结，全球经济陷入衰退。与此同时，新兴经济体的崛起，特别是中国经济的快速发展，正在挑战美元的全球主导地位。人民币国际化的进程，以及其他国家对美元依赖程度的降低，都在削弱美国的金融霸权。此外，全球金融监管的加强，以及对金融风险的日益关注，也对美国的金融自由度构成一定的限制。美国金融霸权地位逐步被打破。

美国的金融发展历程提示我们，尽管创新是经济繁荣的引擎，但也需要警惕其带来的潜在风险。金融体系的发展必须与实体经济的需求相契合，确保资源配置的有效性和经济增长的可持续性。健全的金融体系不仅需要灵活的创新机制，还需要坚实的政策支持和有效的风险管理措施。

西方金融价值观及其演变

西方金融价值观的历史演变与经济、政治、社会的变化密切相关，经历了从放任自由主义、金融管制、金融自由化和股东价值最大化，到注重利润与风险平衡的转变。每次重大危机，尤其是1929年大萧条、2008年全球金融危机等，都推动了西方金融价值观的反思和调整。但资本主义系统性风险爆发的根源在于资本主义生产方式和社会制度。垄断资本的逐利本性一旦得不到遏制，必然导致经济生活出现严重的供需失衡，进而导致经济链条断裂。其价值观的演进具有一定的局限性，但不可否认，西方金融发展历程仍能为我们提供诸多的宝贵经验和深刻教训。探寻其演变历程，有助于建立更完备的中国特色金融价值观。

1. 大萧条：放任自由主义到金融管制的转折点

大萧条是放任自由主义向金融管制过渡的关键节点，它深刻揭示了市场自我调节的局限性以及监管缺乏带来的风险。在大萧条前的美国，经济自由化政策鼓励了市场的过度扩张，但也导致了金融泡沫化和财富分配不均。1929年，股价崩盘引发经济大萧条，促使人们重新审视政府在经济中的角色，推动了更严格的金融监管和政策干预，以确保经济的稳定和可持续发展。

放任自由主义诱发大萧条。20世纪20年代，美国的放任自由主义经济政策虽然带来了表面的繁荣，但也埋下了严重的经济隐患。这个时期，政府对经济的干预被认为是不必要的，市场被视为万能的调节机制，经济活动完全依赖市场力量驱动。在这种背景下，企业享有极大的自由，资本家可以根据市场需求和自身判断，自由决定生产规模、投资方向和雇用人数。尽管美国工业生产能力迅速扩张带来了经济的快速增长，但这种增长并不均衡，巨额利润主要流向资本家，工人的收入增长缓慢，贫富差距不断扩大，社会矛盾逐渐累积。为了掩盖这些社会危机，“信贷消费”模式迅速普及。从 1913 年旧金山的首家汽车按揭贷款公司开始，到 1927 年大部分耐用消费品的购买依赖于信贷消费。这种超前消费虽然在短期内刺激了市场需求，但也导致消费者债务水平急剧上升。与此同时，美国股市在实体经济增长的带动下水涨船高，成为投机者的乐园。股票经纪人通过“信贷投资”模式大量发放杠杆贷款，吸引资本涌入股市，股价被不断推高，形成巨大的金融泡沫。薄弱的监管更是加剧了泡沫的膨胀。1929 年，股市崩盘，经济大萧条席卷资本主义世界，彻底暴露了放任自由主义经济模式的缺陷。

金融危机爆发引致金融管制。大萧条的爆发给各国经济带来了毁灭性的打击。股价暴跌，金融泡沫瞬间破裂，银行因坏账危机纷纷倒闭。企业面临生产过剩和需求萎缩问题，导致大规模裁员和失业。美国失业率一度高达 25%，社会经济陷入一片混乱。面对这场经济危机，美国政府迅速采取行动，加强对金融体系的管控。1933 年，《格拉斯 – 斯蒂格尔法案》通过，确立了分业经营制度，严格区分商业银行和投资银行的业务范围，防止银行利用储户存款进行高风险证券投资。此外，该法案还建立了联邦储蓄与贷款保险公司（FSLIC）和联邦存款保险公司（FDIC），分别监管银行和储蓄机构，迫使银行审慎经营。同时，1933 年《证券法》和 1934 年《证券交易法》确立了信息披露制度，并成立了证券交易委员会，填补了证券业监管的空白。在货币政策方面，美联储通过调整利率和公开市场操作，加强了对货币供应量的调控。其他资本主义国家也纷纷效仿，加强对金融领域的管制，制定更严格的金融法规，完善金融监管机制。尽管这些措施无法彻底避免未来的经济危机，但在一定程度上稳定了金融市场，增强了经济的抗风险能力。

2. 布雷顿森林体系确立：强化金融监管

第二次世界大战后，全球经济秩序面临重建挑战，布雷顿森林体系的诞生确立了金融监管的重要地位。战前盛行的金本位制在经济大萧条和战争的冲击下难以为继，各国货币纷纷与黄金脱钩，国际货币体系失去了稳定的基石。各国经济遭受重创，国际贸易混乱，汇率剧烈波动，金融市场动荡不安，迫切需要一个新的国际金融框架来维护全球经济稳定。布雷顿森林体系不仅帮助重建了国际经济秩序，还通过“双挂钩”机制和建立国际金融机构的方式强化了金融监管的作用。但其固有的缺陷导致布雷顿森林体系仅维持30年左右就面临瓦解困境。

“双挂钩”机制约束货币供应。1944年7月，美、苏、中、法等44个国家的730名代表在美国新罕布什尔州布雷顿森林的华盛顿大旅社举行联合国家货币金融会议。这次会议通过了《联合国货币金融会议的最后决议书》《国际货币基金组织协定》《国际复兴开发银行协定》等文件，总称为“布雷顿森林体系”。该体系确立了美元与黄金挂钩、其他国家货币与美元挂钩的“双挂钩”机制。这种机制规定1盎司黄金等于35美元的固定比价，美国政府承担按此比价向各国政府或中央银行兑换黄金的义务；其他国家需规定本国货币与美元的固定汇率，并限制汇率波动幅度在1%以内。这种“双挂钩”机制本质上就是一种强有力的金融监管措施。首先，它约束了美国的货币政策，因为美国必须保证美元与黄金的兑换承诺，这就要求美国在发行货币时谨慎考虑黄金储备情况，不能滥发美元，否则将面临无法兑现黄金的信用危机。这在一定程度上限制了美国金融当局的货币发行自由，起到了对美国货币供应的监管作用。就其他国家而言，固定汇率制度使得各国货币汇率相对稳定，减少了汇率波动带来的不确定性和风险。为了维持本国货币与美元的固定汇率，各国必须对本国的货币供应量、国际收支等情况进行严格监管和调控。例如，当本国货币面临贬值压力时，就需要采取紧缩的货币政策来减少货币供应量，提高利率，吸引外资流入以稳定汇率；反之，当面临升值压力时，则需要采取相应的扩张性措施。这促使各国建立起更完善的货币和金融监管机制，以适应布雷顿森林体系的要求。

国际金融机构监督汇率政策。布雷顿森林体系下成立了国际货币基金组织和世界银行两大国际金融机构。国际货币基金组织的主要职责是监督成员国的汇率政策、提供短期国际收支援助以及促进国际货币合作等。其通过定期审查成员国的经济和金融状况，要求成员国提供详细的经济数据和政策信息，对成员国的货币政策、财政政策以及汇率政策等进行评估和监督。如果成员国的政策不符合布雷顿森林体系的稳定要求，那么国际货币基金组织有权提出建议并要求其进行调整。这种监督机制有效地加大了对各国金融政策和经济运行的监管力度，促使各国在制定政策时更加注重国际收支平衡和汇率稳定，避免个别国家的不当政策引发全球性金融动荡。世界银行则主要致力于为成员国的战后重建和经济发展项目提供长期贷款与技术援助。虽然其主要业务方向是促进经济发展，但在贷款过程中，它也会对借款国的经济状况、项目可行性、还款能力等进行严格审查和评估。这实际上也是一种金融监管行为，通过确保贷款资金的合理使用和有效回收，避免了盲目放贷和借款国无力还款导致的金融风险，保障了国际金融体系的健康稳定。

特里芬难题导致体系解体。尽管布雷顿森林体系在一定程度上对战后相对混乱的国际金融法制度起到了修复作用，但随着各国经济的迅速复苏，美元贬值压力增大，布雷顿森林体系的系统缺陷显现，最终走向解体。首先，长期的国际收支逆差、经常项目赤字严重和通货膨胀使得美国的黄金储备不断流失，美元信用受到挑战，美元与黄金的固定比价难以为继，从根本上动摇了布雷顿森林体系的根基。其次，布雷顿森林体系固有的制度缺陷使得美元身兼多重关键货币身份，既要输出美元满足国际交易和储蓄需求，又因固定汇率制需维持国际收支顺差来稳定汇率、回流美元，特里芬悖论难以调和。最后，其他国家经济的发展以及国际贸易格局的演变，使得固定汇率制度越发难以适应经济形势的变化，汇率失调等问题频繁出现。1971 年，美国宣布停止美元与黄金的兑换。1973 年，各国开始纷纷取消本币与美元的固定比价，转而实行浮动汇率制。至此，布雷顿森林体系彻底瓦解，全球金融市场进入一个更加动荡且充满不确定性的时期，国际金融秩序亟待重建。

3. 信用货币体系建立：强调金融自由化和股东价值最大化

布雷顿森林体系的瓦解标志着金本位制的彻底终结，信用货币体系随即建立，成为现代金融的基石。这一转变不仅改变了全球经济的运作方式，还引发了深远的金融自由化和股东价值最大化的趋势。金融自由化和股东价值最大化虽然带来了前所未有的资本流动、金融创新与市场活力，但也引致违规行为的高发和社会不平等的加剧。

金融自由化的阶级性埋下危机隐患。信用货币是由国家法律规定的、以国家信用为担保的、强制流通且不以任何贵金属为基础的货币。信用货币体系的建立摆脱了金本位制下货币发行的实物限制，打破了以往货币供应跟不上可交易财富增长形成的“货币短缺魔咒”，为金融市场的自由化创造了条件。在新自由主义代表人物哈耶克等的思想影响下，撒切尔夫人、里根奉请新自由主义经济学家米尔顿·弗里德曼任政府经济顾问，积极贯彻市场至上、高度私有化、福利个人化等思想，否定政府对经济的宏观调控，并推行如大规模私有化、控制货币供应量、削减社会福利开支以及降低富人个人所得税等政策，成为新自由主义经济理论的“高徒”和强力推行者。然而，自由作为一种价值理念，在阶级社会中首先表现为阶级性。统治阶级“为了达到自己的目的就不得不把自己的利益说成是全体社会成员的共同利益”。在资本主义社会中，自由的特定内涵是资本的自由，所谓的“普遍自由”只不过是伪善的、虚假的意识形态。因此，新自由主义经济政策的实际效果并不尽如人意。在被认为是撒切尔夫人执政巅峰时期的20世纪80年代后期，英国的国内生产总值（GDP）年增长率也只有2%。其下台后不久，震惊全球的“黑色星期三”英镑危机便爆发了。1989年，里根卸任总统时积累了16673亿美元的财政赤字，这是里根以前历任总统在193年中累计赤字总和的1.8倍。在向海外借债弥补赤字的过程中，美国从世界上最大的债权国变成了最大的债务国。这成为后任大小布什、克林顿政府的巨大负担，也为2008年的金融危机埋下了巨大隐患。

股东价值最大化助长金融机构的逐利行为。新自由主义强调市场机制在资源配置中的决定性作用，主张减少政府干预，放松管制，提倡自由竞争。这种思潮深刻影响了企业治理结构和商业伦理，为股东至上理念的盛行奠定了思想基础。著名经济学家米尔顿·弗里德曼于1970年在《纽约时报》发表的文章中指出，在私有产权和自由市场体系中，企业只有一种社会责任，那就是利用其资源，尽可能多地为股东赚取利润。该观点一经发表就受到商界和政策制定者的支持。为了实现股东利益最大化，金融机构积极创新金融产品，如各类衍生产品、结构化产品等，以提高资本配置效率和风险管理能力。同时，并购重组、国际化扩张等活动也日益频繁，推动了资本市场的快速发展和全球资本的自由流动。公司治理结构随之发生变化，经理人薪酬与公司业绩挂钩，股票期权等激励机制被广泛采用，以促使管理层更关注股东利益。然而，这种以股东价值最大化为导向的金融模式带来了严重的负面后果。对短期利润的过度追求，导致一些企业和金融机构采取高风险、高杠杆的投资策略，忽视了长期风险和可持续发展，造成了金融资源的严重错配，并加剧了经济周期的波动。监管的放松进一步助长了金融机构的逐利行为，违规操作和欺诈行为时有发生，道德风险屡见不鲜。此外，过度关注股东利益导致许多企业忽视了对员工、消费者、社区和环境的责任，造成了社会责任的缺失，并加剧了社会不平等。这些问题成为 2008 年全球金融危机的重要诱因。

4. 后危机时代：以 ESG 理念为代表的价值再平衡

2008 年全球金融危机揭示了全球金融体系中利润与风险的严重失衡。金融机构为了追求短期利润最大化，纷纷投入高风险产品，却对潜在的系统性风险视而不见。市场的过度自由化和监管的松懈助长了逐利行为的泛滥，最终导致经济动荡不安。危机过后，各国对金融体系进行了深刻反思，ESG 理念应运而生并逐渐成为主流趋势。ESG 理念主张企业在创造经济价值的同时，应兼顾环境保护、履行社会责任和优化治理结构。这一理念推动金融行业从以利润为唯一导向，转向更加平衡和可持续的发展路径。

金融危机暴露利润与风险失衡问题。在危机爆发前，低利率造就了美国房地产市场的繁荣。2004—2006 年，房价上涨了 30%，较 2000 年上涨了 80%。买房带来的财富效应吸引越来越多的人进行房地产投资和房地产再融资，增加杠杆进行投机，房屋贷款和房屋再融资金额在 2005 年达到 5000 亿美元，比 1998 年上升了 5 倍，推动美国债务比例达到了 GDP 的 300%。在这个自我循环的游戏中，借款人和贷款人都得到了短期利益。金融机构大幅放松了对次级贷款申请人的审核标准，并将其打包成复杂的金融衍生品（如抵押债务凭证 CDO）进行广泛销售。金融机构只看到了通过这些业务能够迅速增加利润，却对其中潜藏的巨大风险视而不见。加息周期的到来捅破了泡沫的逻辑。2006 年第四季度，美国楼市开始回落，次级贷款者因无力偿还贷款而违约，导致以次级贷款为基础的金融衍生品价值大幅缩水。持有这些衍生品的金融机构面临巨额亏损，许多知名金融机构如雷曼兄弟等纷纷破产倒闭。银行系统陷入危机，信贷紧缩，企业投资和居民消费受到严重抑制，全球经济陷入衰退。这一事件充分暴露了金融机构对高风险金融创新产品的过度依赖，以及对产品背后可能引发的系统性风险的忽视。这种利润与风险的严重失衡，不仅给金融机构自身带来了灭顶之灾，也对全球经济造成了灾难性影响。

危机后的反思推动 ESG 理念成为主流。全球金融危机后，市场对金融机构的道德风险问题，特别是对金融创新（如复杂衍生品）在利润驱动下对金融系统安全造成的威胁进行了深刻反思。美国相继颁布了《金融监管改革方案》和《多德－弗兰克华尔街改革和消费者保护法案》，实施“沃尔克法则”，加强宏观审慎和微观审慎、调整监管体系与强调消费者权益保护等。与此同时，全球金融体系的高度关联性要求国际合作以应对系统性风险，于是，《巴塞尔协议Ⅲ》应运而生。该协议旨在提高银行资本充足率和流动性，增强其抗风险能力。与之前的协议相比，《巴塞尔协议Ⅲ》

提高了资本充足率要求，包括一级资本充足率和普通股一级资本充足率，并对资本构成提出了更严格的要求，强调普通股一级资本的重要性；同时加强了流动性监管，要求银行保持足够的流动性覆盖率（LCR）和净稳定资金比率（NSFR），以应对短期和长期流动性风险；此外，还引入了逆周期资本缓冲机制，要求银行在经济繁荣时期积累更多资本，以应对经济衰退时期的风险；并对系统重要性银行（SIBs）提出了更高的资本要求。《巴塞尔协议Ⅲ》的实施标志着全球银行监管进入了一个新阶段。然而，仅关注风险管理和资本充足率，并不能完全解决金融体系的深层次问题。金融危机也暴露出对环境和社会责任的忽视，以及公司治理的缺陷。Lins 等（2017）证实，在 2008 年金融危机期间，社会责任较高的公司股票收益表现优于社会责任较低的公司。这一事实为金融行业的发展提供了新的思考方向。在此背景下，ESG 理念迅速发展起来，并逐步融入金融价值观中。与之相伴的是，传统的股东至上理论逐步被利息相关者理论替代，成为金融行业新的发展方向。ESG 理念全面涵盖了环境（Environmental）、社会（Social）和公司治理（Governance）因素，不再单纯追求利润最大化，而是强调企业在创造经济价值的同时，也应承担起环境保护和社会责任，并完善公司治理。ESG 理念的兴起体现了投资者对企业长期可持续发展的关注，以及对环境和社会问题的日益重视。企业需要在减少碳排放、保护生物多样性、保障员工权益、促进社会公平等方面作出努力，并建立透明、公正和有效的公司治理结构。其发展标志着金融行业正在经历一场深刻的变革，从单纯追求利润最大化转向追求更加平衡和可持续的发展模式，这不仅有助于降低金融风险，也能够促进经济的长期健康发展和社会进步。

中国金融价值观及其演变

我国金融价值观的历史演变与金融体系的发展方向、金融政策的制定、金融市场的运作以及金融参与者的行为准则等多个方面密切相关，经历了从以服务革命战争、夺取政权为主线到以服务工业化为单一价值取向，从以提升专业性和盈利性为导向到平衡好功能性与盈利性的关系的变化。探索中国金融价值观发展，以史为鉴，对于认识金融高质量发展、理解金融高质量发展、实践金融高质量发展意义重大。

1. 红色金融：以服务革命战争、夺取政权为主线

在革命战争年代，红色金融成为中国共产党革命斗争的重要组成部分，扮演着支持军事斗争、发展敌后经济、建立革命根据地的关键角色。红色金融的发展历程是一个从无到有、从小到大、从弱到强的过程，是中国共产党在接受马克思主义洗礼和领导工农革命浪潮中孕育而成的。

红色金融的形成与发展始于农民运动的兴起。面对高利贷和货币混乱带来的剥削，广大农民迫切需要一个为他们服务的金融体系。中国共产党意识到这一需求，积极探索建立一套服务于农民的金融系统。彭湃作为农民运动的先驱，提出设立金融机构以最低利率帮助农民，并在《广东农会章程》中倡导设立农业银行。这种对农民利益的关注和支持，成为红色金融思想的重要起点。

毛泽东的金融思想同样源于农民运动。在湖南农民代表大会上，他推动颁布金融法案，提倡以低利率贷款支持农民。这些政策既为农民经济斗

争提供了金融支持，也促使湖南、湖北等地纷纷建立农民银行和信用合作社。这些机构虽然规模小、存续时间短，但积累了宝贵的经验，为中国共产党在革命时期管理金融事业奠定了基础。

延安时期，毛泽东结合马克思主义理论与中国实际，提出银行国有化思想，强调金融自主的重要性。他批判帝国主义列强通过银行控制中国金融的行径，主张建立国有银行以实现财政独立。在陕甘边区，边区银行的建立保障了金融安全，支撑了革命根据地的经济发展。解放战争时期，随着解放区的扩大，金融事业逐渐走向集中统一。

1948 年，中国人民银行的成立标志着新中国集中统一金融体系的开始。面对国民党留下的通货膨胀和市场混乱，中国共产党通过经济战线的“银元之战”和“米棉之战”，迅速稳定市场、掌控经济命脉，为统一全国财经奠定基础。

红色金融诞生于革命战争年代，有着深刻的历史必然性。彼时，旧中国金融被反动势力掌控，农民饱受高利贷与货币混乱之苦，中国共产党为凝聚革命力量、推动农民解放，必须构建服务于革命和人民的金融体系来支持新中国的解放事业。在当代，传承红色金融文化对推动现代金融业高质量发展同样意义非凡。坚持党的领导，把握金融正确发展方向；坚持人民至上，践行金融为民服务宗旨；坚持从严监管，塑造清正廉洁从业形象，是红色金融基因为我们留下的宝贵财富，指引我们打造契合时代要求和民族精神的金融价值观。

2. 计划经济时期：以服务工业化为单一价值取向

中华人民共和国成立初期，百废待兴，国家面临恢复国民经济、进行社会主义改造以及推进工业化的艰巨任务。在这种历史背景下，中国的金融体系被设计成服务于国家工业化战略的工具，其核心特征是“大财政、小银行”，体现出高度的集中化和政府主导性。与市场经济条件下的金融体系不同，计划经济时期的金融体系优先考虑国家整体利益，而非追求利润最大化。

1948 年 12 月 1 日，华北银行、西北农民银行和北海银行合并组建为中国人民银行，标志着新中国金融体系的正式诞生。1949 年，中国人民银行迁至北平（北京），开始全面接管旧政权遗留下来的金融机构，并积极开展国民经济恢复工作。这一时期，中国人民银行采取“边建设，边接管”的策略。一方面，没收官僚资本银行，接管官僚资本金融业；另一方面，对民族资本银行实行社会主义改造，限制外资银行特权，并在农村建立合作信用社，逐步建立起以中国人民银行为核心的金融体系。其主要任务是控制通货膨胀、稳定物价、统一币制和货币发行，为恢复工农业生产提供金融支持。通过积极吸收存款，建立健全金库制度，灵活调拨资金，中国人民银行有效地促进了国家财政经济的根本好转，为随后第一个五年计划（以下简称“‘一五’计划”）的实施奠定了坚实的基础。

1953 年，中国开始实施“一五”计划，将工业化建设作为重中之重，同时推进对农业、手工业和资本主义工商业的社会主义改造。金融体系的任务随之转变，全力支持国家工业化和基础设施建设成为首要目标。为了实现“一五”计划的目标，银行业通过多种渠道广泛筹集社会闲置资金，积极支持全民所有制经济发展，大力开展信贷业务，加强货币信贷管理。“统存统贷”制度在这一时期得到强化，成为国家有计划地组织和分配信贷资金的基本手段。这种高度集中的金融体制有效地将有限的资金资源配置到国家重点建设项目，推动了工业化的快速发展。

“一五”计划期间，中国金融体系建设取得了显著成就，同时展现出其独有的特征。1955 年，新版人民币成功发行，不仅实现了货币的统一和稳定，更重要的是体现了国家对金融体系的绝对控制力和强大执行力。与此同时，高度集中的金融体制日益完善，中国人民银行的地位进一步巩固，其他银行逐步并入或成为其下属机构，形成了以中国人民银行为核心的垂直管理体系。此外，新中国的外汇管理体制也在这一时期逐步建立，通过实行外汇垄断，国家有效地控制了外汇资源，为国家建设提供了必要的资金保障。这种高度集中、垂直管理的金融体系一直延续到 1978 年改革开放的开始，对中国经济发展起到了重要的推动作用。

计划经济时期，金融体系的单一价值取向和高度集中化是特定历史条件下的必然选择。在百废待兴、资源匮乏的年代，这种模式能够有效调动资源，在一定程度上避免资源错配和金融风险，从而优先保障国家工业化建设，维护社会稳定。然而，其弊端也显而易见，即市场机制有效性的匮乏抑制了金融创新和效率提升。对于当代而言，计划经济时期金融体系的经验提醒我们重视金融服务实体经济，尤其是在国家重大战略实施中的积极作用。同时，我们也应吸取其教训，避免过度干预市场，充分发挥市场在资源配置中的决定性作用，推动金融体系的健康发展。

3. 改革开放后到入世前：市场化价值的初步形成

改革开放后到加入世界贸易组织（WTO）之前，伴随市场机制的引入，金融价值观开始向市场化转变，并强调金融资源的有效配置和金融体系的稳定性。

1978 年，党的十一届三中全会召开，标志着金融改革大幕正式拉开。在对内改革、对外开放下，“大一统”的金融体系被拆解，金融机构逐步获得更多的自主权，我国现代金融体系逐步建立。为了加强对农村经济的扶持，1979 年 1 月，中国农业银行恢复运营。同年 3 月，中国银行被指定为国家的外汇专业银行，以适应对外开放和国际金融业务发展的新形势，同时设立了国家外汇管理局，结束了“统收统支”的时代。1979 年 10 月和 11 月，中国国际信托投资公司成立，全国保险工作会议召开，停办 20 年的信托业和保险业开始恢复，各地相继组建了信托投资公司和城市信用合作社，标志着金融机构多元化和金融业务多样化局面的出现。

经济的快速发展和金融机构的增加，迫切需要加强金融业的统一管理和综合协调，明确中国人民银行的中央银行职责成为完善金融体制、更好发展金融业的紧迫任务。1982 年 7 月，国务院批转中国人民银行的报告，明确“中国人民银行是我国的中央银行，是国务院领导下统一管理全国金融的国家机关”，从而开启了组建专门中央银行体制的准备工作。中国人民银行担负起了货币政策制定和实施的职责，商业银行则从政府附属机构向独立市场主体转变。以中国工商银行、中国农业银行、中国银行和中国建设银行为代表的国有商业银行投入运营，专业银行体系得到初步发展。而后，国家对银行机构实施了一系列以扩大经营自主权为主的企业化改革措施，包括转变银行信贷资金管理体制和财务管理体制、由机关式管理方式向企业化管理方式过渡以及打破专业银行的垄断格局和业务范围限制。

在此期间，利率市场化和外汇管理体制改革成为金融改革的重要目标。虽然全面的利率市场化在这一阶段尚未实现，但政府逐步放松对利率的严格管制，允许银行在一定范围内调整存贷款利率。这种改革尝试为金融机构提供了更大的灵活性，使其能够根据市场供求关系和风险状况调整业务策略，提高了资源配置效率。1994 年 1 月，我国人民币官方汇率和外汇调剂市场汇率并轨，实行以市场供求为基础的、单一的、有管理的浮动汇率制度。并轨之后，人民币较之前大幅贬值，助推了我国出口竞争力的提升，贸易顺差不断扩大，拉动了中国经济和就业发展。

与此同时，金融市场的建立与发展也为市场化价值的形成提供了重要支撑。1990 年，上海证券交易所和深圳证券交易所相继成立，为企业提供了新的融资渠道，标志着资本市场的初步形成。股票市场和债券市场的建立不仅促进了企业的直接融资，也推动了企业治理结构的优化，使资本市场在资源配置中的作用日益增强。1992 年，国务院证券委员会和中国证监会宣告成立，我国金融业“分业经营、分业管理”迈出第一步，证券市场统一监管体制开始形成。

总体而言，从改革开放到加入 WTO 前，中国的金融体系在市场化改革中取得了显著成效，推动了以阶级斗争为纲向以经济建设为中心的历史转变、计划经济向市场经济的历史转变、封闭向开放的历史转变以及行政命令式管理向社会主义法治国家建设的历史转变，为后续的深化改革和全面开放奠定了坚实的基础。对于当代而言，改革开放初期的实践经验提示我们金融服务必须顺应时代变迁与形势变化，因时而变、因势而变，紧密贴合生产力发展需求，在助力加快形成新质生产力的过程中，持续增强适应力、培育竞争力，不断提高服务经济社会发展的质效。

4. 入世后到党的十八大：盈利性主导金融发展

改革开放的不断深入，对金融发展和金融安全提出了更高要求。2001 年 12 月 11 日，中国正式成为 WTO 成员，金融业按照《服务贸易总协定》基本原则和金融服务协议要求逐步开放。这一时期，金融改革的重点是提升金融机构的盈利性和专业性，以适应日益激烈的国际竞争环境和国内经济转型的需求。

彼时，中国向外资开放金融服务业的承诺引发了国内恐慌，更有人担心，“狼来了”会把“羊”吃掉。为此，2003年，在一系列精心策划的步骤下，如进行不良资产的剥离和财务重组，国内银行将大量不良资产从资产负债表中分离出来，为轻装上阵创造条件。同时，国外战略机构投资者，如花旗银行、汇丰银行等国际知名金融机构纷纷入股我国国有大型商业银行，带来了先进的管理经验和技术。在此基础上，2004年，国务院正式启动国有银行股份制改革，多家银行先后在国内和国际证券市场挂牌上市，现代化金融企业制度逐步建立。经过股份制改革和上市，一批自主经营、自负盈亏并且有现代公司治理架构的商业银行逐渐成长起来，形成了一个多元化、市场化、差异化的现代商业银行体系。与此同时，通过全面推行《巴塞尔协议》，从资本充足率、风险管理等多方面规范银行经营，商业银行现代公司治理机制逐步完善，风险管理能力显著增强，能够更好地应对各种金融风险。产品服务能力的不断提升和多样化金融产品的推出，在满足市场差异化需求的同时，进一步提升了金融机构的盈利能力。加入WTO以来，中国GDP从全球排名第六跃居到第二，年均增速11%。2010年，中国GDP达到了40万亿元，成为世界第二大经济体，人均GDP从8592元增加到29670元，外汇储备从2122亿美元增加到2.85万亿美元，增长了近13倍。

然而，随着市场化改革的深入，金融风险也逐渐显现。一些金融机构以市场化为名，片面追求短期利润最大化，并采用资本消耗型的发展模式，逐渐偏离了金融服务实体经济的本质。入世后，中国金融市场的开放吸引了大量外资巨头的积极参与。这些外资企业凭借其先进的技术和管理经验迅速占领市场，给国内金融机构带来了巨大的压力。本着“肥水不流外人田”的原则，国内很多企业开始大规模扩张，寻求快速提升市场占有率和企业影响力的有效途径。双方皆不甘于落后，进入了“跑马圈地”的竞争赛道。在此背景下，一些银行在房地产等领域发放过量贷款，以提升短期的业绩，但该行为忽视了长期可持续发展和社会责任，埋下了金融不稳定的隐患，为后续的金融调整和改革提出了新的课题。

5. 党的十八大至今：重新审视金融功能性定位

党的十八大以来，中国金融体系进入了一个全新的发展阶段，开始重新审视和定位金融的功能性。这一时期的金融改革不仅着眼于提升效率和竞争力，还强调金融服务实体经济、防范系统性风险和促进经济高质量发展。

在习近平总书记关于金融工作的重要论述精神的指引下，全国各地各部门持续深化金融供给侧结构性改革，稳步扩大金融开放，统筹发展和安全，确保不发生系统性风险。金融体系在支持实体经济方面的质效显著提升，成为经济社会稳定发展的有力支撑。金融服务实体经济的良性循环逐步形成，中国拥有了全球最大的银行体系，以及第二大保险、股票和债券市场，为经济发展打下了坚实基础。中国人民银行数据显示，2014 年至 2023 年 9 月，对实体经济发放的人民币贷款余额从 81.43 万亿元增至 230 余万亿元，年均增速保持在 10% 以上，显示出金融对实体经济的强大支持力。重点领域和薄弱环节的金融服务力度也在不断加大，金融资源倾斜于制造业、科技创新、小微企业、乡村振兴和绿色发展等领域。普惠金融、小微贷款和绿色贷款的快速增长，显示出金融体系在支持国家战略和社会弱势群体方面的积极作为。同时，市场化利率形成（LPR 改革）和传导机制的日益完善，推动了社会融资成本的显著下降，增强了实体经济的活力。

金融安全是国家安全的重要组成部分，自党的十八大以来得到了高度重视。通过开展市场乱象专项治理和全面实施资管新规，金融资产脱实向虚的势头得到有效遏制，中小金融机构改革化险稳步推进，金融秩序实现了从“乱”到“治”的基本转变。防范化解金融风险的多项政策措施有效促进了金融市场和实体经济的平稳发展，《金融控股公司监督管理试行办法》等一系列规定的执行则从整治股东股权入手，标本兼治，补齐监管短板，逐步建立起金融风险的长效机制。

在金融改革开放方面，中国不断深化金融监管体系改革，组建国家金融监督管理总局，设立创业板、科创板并试点注册制，支持创新创业企业的发展。2023 年初更是在 A 股市场上全面实行注册制改革，进一步处理好政府和市场的关系，将选择权交由市场。金融领域的制度改革持续发力，形成了资本市场改革的制度基础。同时，金融市场的开放步伐加快，沪深港通、沪伦通等机制启动，放开外资金融机构在华持股比例限制，提升了中国金融市场的国际化水平。人民币国际化稳中有进，全球市场信心显著增强。

通过这些改革和政策，中国金融体系的功能性定位得到了重新审视和调整。在习近平新时代中国特色社会主义思想的指引下，中国特色金融发展之路必将越走越宽，为中国式现代化提供有力支撑。

金融价值观的反思与革新：从“西学东渐”到中国特色金融价值观探索

从历史脉络出发，西方金融体系曾在一定时期内被视作现代金融发展的榜样，其理论与实践成果不断在国内金融体系中推广应用。然而，随着时间推移与实践检验，西方金融价值观的弊端逐渐暴露，从频繁爆发的金融危机到金融资源分配的严重失衡，无不彰显出其内在矛盾。中国在这一过程中并非盲目跟从，而是开启了从借鉴到反思、从融合到创新的探索之旅。中国特色金融价值观在历史实践中逐步生根发芽，既汲取西方金融发展中的合理要素，如风险管理经验与金融创新理念，又紧密结合自身国情与文化底蕴，将政治性与人民性深深嵌入金融价值观的内核。因此，反思中外金融价值观演变历程，有助于加深对金融功能作用的理解，对走好中国金融高质量发展之路，引导金融更好服务于我国社会经济发展具有重要意义。

1. 坚持政治性和人民性构筑中国特色金融发展之路

要让中国特色金融发展之路根植于深厚的国情土壤，就离不开对政治性和人民性的坚持。金融学在中国的发展过程受到经济社会变迁和国运兴衰的深刻影响，经历了从照搬西方金融体系到本土化金融价值观的历程。

历史证明，西方金融发展的逻辑受制于资本积累的大逻辑，始终以服务资本、攫取利润为宗旨，具有明显的垄断性、掠夺性和脆弱性。在西方金融模式下，市场竞争机制倾向集中优势资源和利益于少数成功者，导致资源配置失衡和社会不公，“赢者通吃”现象不断加大国内乃至全球范围内的贫富差距。“郁金香泡沫”“南海泡沫”及经济大萧条、次贷危机等的爆发，都显现出西方金融价值观在功能性上的缺失。2011 年 9 月，美国爆发了“占领华尔街”抗议，成为当时美国社会矛盾的真实写照，也暴露出民众对金融危机以来美国政府推出的经济、金融改革措施的不满。该运动的主旨为“99% 的大众声讨华尔街的贪婪和腐败，抗议 1% 的少数人对社会的控制”，反映了金融在资本主义阶级性下导致的社会资源分配不公。

与之形成鲜明对比的是，中国的金融体系在历史实践中不断调整，以坚持政治性和人民性为核心，致力于服务国家重大战略和社会经济的薄弱环节。站在时代的角度来看，从红色金融时期服务革命，到计划经济时期服务工业化，再到改革开放时期进行市场化，金融始终坚持服务国家战略和社会经济薄弱环节，为实现国家统一和经济发展提供资本助力。入世后到党的十八大期间，金融改革从“摸着石头过河”转向“顺着发达市场领先实践过河”，全社会高度重视金融对经济的推动作用并取得重大成就，但市场对金融业自身属性的理解也走向了“极端”，追逐专业性和盈利性成为主导。在这种情况下，金融业规模快速扩张，出现了实体经济业绩靠金融活动支撑、投机资本大量涌入金融领域、地方政府热衷于创建金融中心等现象。

过度的商业行为使得金融发展方向有些迷惘，折射出金融在功能性和盈利性上的失衡。党的十八大后，在党中央的坚强领导下，金融本土化进程成为主流。功能性始终是第一位、是首要的，是主责主业之所在、正当盈利之所依，是金融服务决定性的先手棋。2023 年 3 月，中共中央、国务院印发《党和国家机构改革方案》，组建中央金融委员会，以加强党中央对金融工作的集中统一领导，负责金融稳定和发展的顶层设计、统筹协调、整体推进、督促落实，研究审议金融领域重大政策、重大问题等。同时，组建中央金融工作委员会，统一领导金融系统党的工作，指导金融系统党的政治建设、思想建设、组织建设、作风建设、纪律建设。该举措展示了党中央对金融工作的极端重视。在中央金融委员会的领导下，金融机构逐步回归服务实体经济的本源，金融供给侧结构性改革有条不紊推进，科技金融、绿色金融、普惠金融、养老金融、数字金融“五篇大文章”成为金融发展的趋势和方向。

要推动我国金融高质量发展，就必须坚定不移走中国特色金融发展之路。西方资本主义金融系统弊端重重的制度根源在于，建立在私有制基础上的资本主义社会难以实现高效的国家调控。盲目地借鉴西方金融实践经验，并不能很好地适应中国经济发展。坚持党中央对金融工作的集中统一领导是中国特色金融发展之路的最本质特征和根本要求，是中国金融发展的最大制度优势所在。在此基础上，金融发展必须坚持以功能性为第一性，始终把实现人民对美好生活的向往作为一切金融工作的出发点和落脚点，更加注重金融发展的普惠性，让广大人民群众共享金融发展成果。这是中国特色金融发展之路与西方金融发展道路的显著区别。

2. 过度金融化导致金融发展脱离实体经济

我国建设金融强国，要重塑金融功能，需要金融发展适当，既要解除金融压抑，又要防止过度金融化。站在历史的角度来看，红色金融时期和计划经济时期，金融完全服务于国家战略需求，表现出过强的功能性，在一定程度上抑制了金融创新性。因此长期以来，中国金融改革和发展的主要任务就是解除金融压抑。经过几十年的发展，这一问题已经得到有效缓解。同时，一些领域也表现出了金融过度发展的问题，无限制的金融化、脱实向虚、自我服务、乱象丛生等就是主要表现。

在资本逐利本性、金融自由主义思想和股东利益最大化的驱动下，发达资本主义国家表现出明显的过度金融化趋势：金融部门相对于实体经济部门日益膨胀，金融资本无论是在微观层面还是在宏观层面都占据着主导地位。以华尔街为代表的金融中心，过度追求短期利润、利用复杂金融衍生品和高杠杆操作等行为，不仅加剧了金融市场的波动性，也导致实体经济融资困难，催生了如次贷危机等的全球性金融危机。进一步分析发现，过度金融化通过扭曲资源配置和加剧贫富不均，深刻影响着产业结构和社会公平。一方面，过度金融化下，资本的逐利性被无限放大，资金涌入金融市场寻求回报，导致实体经济，特别是制造业投资不足，技术升级缓慢，最终引发产业空心化。金融创新更注重短期收益，低成本融资错位流向非实体经济领域，进一步加剧了实体经济融资困境，促使产业链外迁，加速产业空心化。另一方面，金融资本呈现高度集中的态势，由此产生的巨额利润多被金融精英获取，拉大了贫富差距。金融投机活动更是加剧了财富分配的不公。金融危机爆发下，受到最大冲击的是社会底层民众。反观救市举措，其往往侧重对富裕阶层利益的保障与倾斜，长此以往，最终致使“赢家通吃”的局面形成，社会阶层逐渐固化，贫富差距也因此持续不断地扩大，进一步加剧了社会结构的失衡与矛盾的积累。

受到金融的“西学东渐”影响，中国金融业在一定程度上存在过度金融化的隐忧（刘锡良、文书洋，2018）。首先，从指标层面上看，我国金融业增加值占GDP的比重从2005年的4.00%升至2023年的7.99%，既高于经济合作与发展组织成员国平均比重4.8%的水平，也高于欧盟成员国平均比重3.8%的水平，说明经济在一定程度上出现了“金融大、实业小”的头重脚轻局面。金融体系的过于庞大挤压了实体经济的发展空间，使其得不到足够的资金支持和发展动力，削弱了经济的稳定性和可持续性。其次，从经济现象上看，一是部分行业的过度金融化导致资源脱离实体经济发展。例如，房地产行业的过度金融化导致房产投资价值远高于居住价值，“炒房”使得房价泡沫膨胀，带动城市房地产开发用地的价格走高，资金大量涌入房地产领域，挤压了制造业等实体产业的信贷资源。金融资本对大宗商品市场的过度投资以及期现货市场的联动产生过度金融化、资本化投机炒作，不仅扰乱正常产销循环，还可能向居民消费价格传导，严重影响通胀预期。二是影子银行、互联网金融、P2P平台等金融创新渠道的野蛮发展导致金融风险激增。影子银行的空转套利行为助长了经济脱实向虚；吸引力强大的互联网金融和 P2P 平台使得普通人也能够轻松参与借贷市场，催生大量坏账，“爆雷”“跑路”问题频发，居民财富流失。三是经济运行过度金融化导致经济增长对债务杠杆的依赖度提升，债权债务风险不断积聚。2008 年金融危机后，“四万亿”刺激计划以及地方政府大规模举债，显著提高了宏观杠杆率（张成思等，2022）。数据显示，我国实体经济部门杠杆率已由 2008 年的 141.20% 上升至 2023 年的 287.80%，考虑债务规模的持续上涨和隐性债务的存在，未来企业和政府都将面临较大的偿债压力。在经济增速放缓的大背景下，这将带来债务风险增加、实体经济投资挤出、金融系统稳定性损害以及经济增长动能削弱等一系列危害。

过度金融化带来了盲目的逐利性和投机性，不仅导致经济系统性风险上升，还会挤压实体经济的发展空间，不利于开拓我国经济高质量发展新局面。要解决该问题，首先，必须坚守金融服务实体经济的初心，让金融精准助力实体经济创新升级；其次，着力构建金融治理体系建设，从制度层面和顶层设计上确保市场有序运行；最后，培育金融伦理文化，细化职业规范和职业操守，传输和贯彻正确的金融价值观。

3. 以金融治理现代化提高金融风险管控效能

如何破解金融过度自由化给经济社会发展带来的弊端，始终是各方关注的重点。金融治理现代化，特别是外部监管体系的完善和内部金融机构风险管理能力的提升，是提高金融风险管控效能、破解这一弊端的关键，对金融体系稳定、经济健康发展和增进社会整体福祉有着决定性意义。

从外部金融监管的视角来看，中西方政府金融监管体系的不断完善为提升金融风险管控效能奠定了制度基础。在早期自由放任思想主导的金融市场环境里，西方金融机构享有高度自主性，但金融泡沫与危机如影随形。大萧条的发生促使美国建立了金融机构分业经营和政府分业监管的体制框架，德国、法国和瑞士等国则构建了包括金融法律、独立且被授权的监管机构、必要的监管活动等要素在内的金融监管体制框架。这在一定时期内有效地规范了金融市场秩序，降低了系统性风险的发生概率；然而，随着金融创新的蓬勃兴起和混业经营趋势的日益强劲，原有的监管体系暴露出诸多弊端。2007 年次贷危机的爆发彻底激化金融衍生品与监管空白之间的矛盾，《巴塞尔协议Ⅲ》应运而生。自 1975 年首个《巴塞尔协议》诞生起，其就致力于为国际银行业监管提供统一标准。2010 年《巴塞尔协议Ⅲ》进一步提高资本充足率要求，增设逆周期资本缓冲、留存资本缓冲等风险管理工具，增强银行在经济周期波动中的抗风险能力。世界主要国家金融监管模式长期发展演变的历史，以及近代中国的金融监管实践，自然构成了当今中国金融监管模式构建的历史基础。20 世纪 90 年代初期及之前，金融监管实行“大一统”制度，由中国人民银行统一监管。随着改革开放逐步深入和金融市场的越发活跃，中国充分汲取西方经验，并结合自身分业经营的格局，搭建起“一行三会”（中国人民银行、银监会、证监会、保监会）的监管架构。随着中国金融市场规模的快速扩张、金融创新活力的不断迸发以及混业经营趋势的逐渐凸显，原有的监管体系面临严峻挑战。金融监管转变为“一委一行两会”（国务院金融稳定发展委员会、中国人民银行、银保监会、证监会），以及如今的“一行一总局一会”（中国人民银行、国家金融监督管理总局、证监会）。在党的统一领导下，相关部门不断强化宏观审慎管理与微观审慎监管的有机结合，建立“长牙带刺”“有棱有角”的金融监管体系。通过借鉴《巴塞尔协议》关于资本监管、风险管理等理念，中国建立起更加协调统一且契合现代金融发展需求的监管体系。一方面，重视资本充足率监管，依据《巴塞尔协议》的思路设定符合国情的资本要求，引导银行合理配置资本以抵御风险；另一方面，加强对系统性风险的监测与防范，实现金融机构与金融业务的“全覆盖”监管，并作出适应性预期调整，构建现代化金融治理体系。

从金融机构风险管理的视角来看，中西方金融机构全流程风险管理体系的持续优化为提升金融风险管控效能开辟了实施路径。在过去的几十年中，金融机构面临市场环境变化、金融产品创新以及客户需求多样化等诸多挑战。对此，它们不断完善内部的风险管理体系，以提高对各种风险的识别、评估和应对能力。在西方，诸多大型金融机构凭借先进的数据风险分析工具和成熟的风险评估模型，构建起成熟的风险管理部门，对市场风险、信用风险、操作风险等进行全方位的管理。与此同时，通过整合风险管理流程，金融机构将风险控制融入日常运营的每个环节，确保风险管理不再是事后补救措施，而是前置的预防手段。随着金融市场的不断开放和深化改革，中国金融机构积极引入国际先进的风险管理理念和技术，逐步构建起符合自身特点的全流程风险管理体系。改革开放初期，金融机构对风险的认识并不深刻，亚洲金融危机和2008年全球金融危机的发生将风险意识注入金融机构管理的理念中。随着金融市场的发展和金融产品的多元化，金融机构的风险管理体系开始从单一风险管理转变到全面风险管理。目前，大型银行、证券公司和保险公司建立了独立的风险管理部门，配备了专业的风险管理人员，并引进了国际先进的风险管理技术和方法。首先，在信用风险管理方面，除了传统的贷前调查、贷中监控和贷后管理，还引入了信用评分模型、反欺诈技术等先进手段，提高了信贷审批的效率和准确性；其次，在市场风险管理方面，积极应用价值在险（VaR）模型、情景分析等方法，对市场波动进行预测和应对；再次，在操作风险管理方面，加强内部控制建设，并通过信息技术手段提高操作效率，降低操作风险发生的概率；最后，越来越多的机构开始重视流动性风险和声誉风险管理，并建立了相应的管理制度和流程。值得一提的是，数字技术的快速发展为金融机构的风险管理提供了新的工具和手段。大数据分析、人工智能和区块链等技术的应用，使风险管理的效率和精准度得到显著提升。海量数据的深度挖掘帮助机构快速识别潜在风险点，提前作出应对策略，既提高了金融机构的竞争力，也增强了其应对复杂市场环境的能力，为“有效化解重大金融风险，守住不发生系统性风险底线”提供助力。

金融治理现代化是一个持续演进的动态过程。西方金融体系在长期发展中积累的丰富经验与深刻教训，为全球金融治理提供了重要基础支撑。中国则在借鉴西方有益成果的同时，紧密围绕自身国情与发展需求，开辟出一条特色鲜明的金融风险管理创新之路。展望未来，世界各国均须紧跟数字化的迅猛发展以及全球格局的深刻变化，持续探寻契合时代要求的金融治理新模式。

第三章

重塑逻辑：正确处理好“三对关系”

金融不是孤立存在的，而是与社会发展紧密相关。当前，国家和人民对金融的期待已经上升到为建设更好的社会赋能，对金融的价值评价也要从社会视角出发，从金融看金融走向从社会看金融、从全局看金融、从多角度看金融。构建中国特色金融价值评价体系的核心要义是要深刻理解金融的存在方式，正确处理好“三对关系”：一是从金融功能的角度，处理好金融和实体经济之间的关系；二是从金融价值的角度，处理好金融经济价值和社会价值之间的关系；三是从金融机构的特征的角度，处理好股东利益和牌照责任之间的关系，进一步将金融与社会的发展目标更好地结合，推动中国特色金融发展之路越走越宽广。

处理好金融和实体经济之间的关系

党的二十大报告明确指出：“坚持把发展经济的着力点放在实体经济上。”当前，我国经济发展面临“金融资源与实体经济的结构性错配”问题，衍生出困扰中国经济前行的“三大难题”：房地产泡沫破裂、地方债高企和实业投资不振。究其原因，是没有正确认识金融与实体经济关系的本质。习近平总书记强调，“经济是肌体，金融是血脉，两者共生共荣”。由此可见，金融与实体经济之间是一种服务关系，不是竞争关系，更不是零和博弈的关系。认清这一客观现实有助于对金融所处的历史方位和时代使命形成正确认知。解决这一问题的核心就是坚持经济和金融一盘棋思想，强化金融的功能性，在支持实体经济高质量发展中获得更大的发展空间。

1. 金融脱实向虚导致危机风险

金融发展与经济增长存在一定边界，当金融过度发展逾越这一临界点形成脱实向虚、无序扩张的局面时，其会阻碍长期可持续的经济增长。1997 年亚洲金融危机、2007 年美国次贷危机表明，金融和实体经济结构性失衡将造成极大的系统性风险。

（1）虚实之辩与金融脱实向虚

20 世纪 90 年代初，日本股价和地价先后暴跌，“泡沫经济”宣告破灭。《人民日报》在 1992 年 8 月 12 日的一篇关于东京股市的国际综述中写道：“经济白皮书①低估了股价、地价下跌所造成的资产紧缩给实体经济所造成的巨大影响。”此后，国内学术界对“实体经济”的概念有了更深入的认识，与“实体经济”相对应的“虚拟经济”的概念出现在人们视野中，引发了人们对两者关系的大讨论。

2017 年 3 月，时任国家发展改革委主任何立峰在中国发展高层论坛上

① 1992 年日本企划厅发布的《经济白皮书》认为，泡沫经济崩溃对个人消费、企业投资的负面冲击非常有限。

指出，中国经济发展面临三大结构性失衡：实体经济结构性供需失衡、金融和实体经济失衡、房地产和实体经济失衡。这就是中国经济进入“新常态”前面临的“不正常状态”。关于金融与实体经济失衡方面，其存在资金脱实向虚的现象，大量资金在金融体系内自我循环，不仅加大了金融体系的风险，而且进一步加重了实体经济的融资困难。

虚拟经济规模的扩大与实体经济的低增长即为金融和实体经济失衡的具体表现。与实体经济相比，虚拟经济的行为并非追求效用最大化，而是追求单一货币利润最大化。实体企业为获取金融资产的高收益率，将本应用于投资经营资产的资源金融化，以致资源配置扭曲，最终导致实体产业空心化。在这样的情况下，影子银行、表外业务、同业业务等迅速扩张。

影子银行发挥着与传统信用中介类似的功能，但又以脱媒和去中心化的具体形态为表现，其活动并不主要依赖信用中介，更多的是利用金融市场和创新金融产品来实现信用功能转换。相较而言，国外的影子银行以非银金融机构为主，而中国的影子银行由银行发挥主导作用，因此被称为“银行的影子”。其承担了将商业银行表内业务转移至表外以规避监管进行套利的任务，这主要是因为商业银行在中国的金融体系中一家独大。套利具有两面性，金融中介作为解决信息不对称的手段，其经营本质就是寻找市场的价格差异，即是一种套利行为，本无可厚非；然而，影子银行在发展过程中越来越追求短期收益和绝对利润，逐渐演变成“为套利而套利”。在实践中，影子银行通过各种层层嵌套、结构复杂的产品使大量银行资金流向房地产企业以及“两高一剩”行业（高污染、高能耗的资源性行业及产能过剩行业），成为资本无序扩张的重要帮凶。

（2）负外部性与金融危机爆发

在金融脱实向虚的局面下，金融体系的自我循环强化了风险累积。金融衍生品过度繁荣，脱离了实体经济，导致美国几家大型金融机构相继破产、被兼并或由政府接管，次贷危机迅速演变成自20世纪大萧条以来最严重的全球金融危机。金融危机的生成是一种泡沫现象，背后是生产性资本在虚拟市场集聚，导致虚拟市场的收益率不断超过实体经济，扭曲了正常的经济逻辑。金融危机爆发是一种“野蛮”的去杠杆的方式，用一次性违约勾销所有债务，在某种程度上可以理解为市场“恢复均衡的一种‘恶性’矫正机制”。之所以说是“恶性”，是因为它的负外部性会导致系统性危机，甚至使经济陷入长期困境，进而引发社会问题。

虽然国外金融危机对中国金融的直接影响有限，但这并不说明中国金融没有问题，其也曾数次出现危机的苗头。比如，2000年前后的银行不良贷款危机，股票市场分别在1996年、2007年、2015年的动荡。这几次危机之所以“有惊无险”，主要得益于中国经济的高速增长这个基本面，风险引发的坏账损失及时被“吸收”而没有引发系统崩溃。具体来看，2008年全球金融危机爆发后，全球经济陷入深度萧条，也波及中国经济，但受益于“四万亿”刺激计划，在新一轮房地产上涨的带动下，中国经济增长以2010年为高点，进入了一个繁荣小周期。与此同时，以银行业为代表的中国金融业则进入繁荣期。在该时期，中国影子银行的发展如脱缰的野马一路狂奔，不仅使金融风险不断积累和暴露、违法违规问题日益严重，而且大大抬高了我国宏观杠杆水平，严重影响了金融与经济的良性循环，对我国经济金融向高质量转型发展构成重大威胁。

2008年底召开的中央经济工作会议指出“在国际金融冲击下，实体经济增速大幅下滑”。以此为开端，历年的中央经济工作会议和《政府工作报告》都会提及实体经济，目的就是坚决遏制金融脱实向虚，避免发生金融危机冲击实体经济。

梳理了上述脉络后我们会发现：改革开放催生了中国金融业的发展壮大，中国金融业以往的发展成就在于始终坚持服务实体经济、服务产业发展的宗旨和方向。没有实体经济的健康发展，就没有金融业的健康发展。脱离实体产业进行盲目创新和自我循环，金融不可能行稳致远。现在和未来一段时间中国金融面临的现实危机与潜在危险，需要在服务实体经济高质量发展中解决。

2. 正确认识金融与实体经济之间的关系的本质

金融业增加值、金融机构利润等反映金融业“繁荣发展”的相关指标的最终来源都是实体经济发展。一方面要正确认识中国金融业规模较大的现象，对金融业增加值占比“动态纠偏”；另一方面要正确认识金融经济共生共荣的现象，推动金融业向实体经济“合理让利”。这对把握金融发展不偏离服务实体经济的轨道至关重要。

（1）如何理解中国金融业规模较大的现象

根据2023年11月22日公开在中国人大官网的《对金融工作情况报告的意见和建议》，在审议过程中，有出席人员提出，我国金融业增加值占GDP的比重接近8%，既高于经济合作与发展组织成员国平均比重4.8%的水平，也高于欧盟成员国平均比重3.8%的水平，说明金融业向实体经济让利的空间还很大。

这份报告披露后引发了许多争议和讨论。关于中国金融业增加值占比较高的原因，中国人民银行调查统计司课题组曾于2019年2月撰文分析，这种偏高与我国经济结构特点和发展阶段有关：一是储蓄率高，金融机构将储蓄转化为投资的规模大；二是直接融资不发达，金融机构在融资中承担的风险多；三是如果考虑到系统性风险的潜在影响，那么我国金融业增加值存在高估的成分。

从现有的金融业增加值核算方法来看，有两个问题要引起重视。一是风险难以观测且未被完全核算。经济下行时银行信贷的增长有可能只是掩盖了实体经济的风险。例如，银行在企业违约之前给企业发放一笔新的贷款用以偿还本金和利息，又如，疫情期间一些短期防范风险的措施促使银行推迟风险的计量。换言之，银行业承担了实体经济的潜在风险，但潜在风险被计为银行业的增加值，是“虚高”且有“风险”的增加值。二是金融数据存在“掺水分”的可能。金融业增加值在做季度核算时，其主要构成部分——货币金融服务业增加值，主要参考存贷款余额的同比增速进行推算。政府监管部门分配、下达增长指标任务的行为，导致出现无序争抢存贷款资源，甚至“虚增”存贷款数据的现象。这样既不利于真实判断金融业发展现状，更会影响到金融支持实体经济高质量发展战略方针的实施。

综上所述，实现金融与实体经济均衡发展是大的方向，并根据服务实体经济、防范化解金融风险的需要，对金融业增加值进行“动态纠偏”。例如，2024 年第一季度，国家统计局、中国人民银行总行调整优化金融业核算方法，对金融业增加值的季度核算方式进行了优化调整。优化后的核算方式主要参考银行利润指标，如营业收入中的利息净收入增速、手续费及佣金净收入增速等进行推算。

（2）如何理解金融经济共生共荣的现象

另一个经常被诟病的问题是“金融企业利润率远高于实体企业”。金融发展理论和金融演化现实充分表明，“经济是肌体，金融是血脉”，实体经济的需求是金融发展的动力。诚如最早的股份公司和股票等起源于荷兰、最早的保险公司起源于英国一样，是因为经济社会产生了融资和防范风险的需求，才出现了这些金融活动和金融产品。金融的发展离不开实体经济，甚至可以说实体经济的规模、质量和增长速度决定了金融的规模、质量和增长速度。

实体经济是金融业盈利的唯一源泉。金融利润是对产业利润的分割，脱离了实体经济，金融业便是无源之水、无本之木。但现实中，金融业的利润率高于实体企业的现象已经持续了很多年，这是因为，金融与实体经济之间并非简单的线性关系，而是具有系统复杂性：一方面，金融业的发展可以促进实体经济的发展；另一方面，金融业有可能依赖信息优势和操作便利侵占实体经济利润。因此，经济金融既可能相互促进、共生共荣，也可能表现出非共生共荣的情形。

当前，我国经济已由高速增长阶段转向高质量发展阶段，“行业利润分配失衡”问题更加突出，我们经常能听到“干实体不赚钱”的言论。金融支持实体经济，就是要摆正金融在经济社会中的位置，保持金融业与实体经济利益分配的合理平衡，让金融服务于实体经济的成长和发展，而不是让金融凌驾于实体经济之上，更不能让金融“侵占”实体经济发展空间。

共生共荣是一种理想但并不容易达成的状态，因为金融业自我发展，不会主动向实体让利，所以必须通过相关机制进行纠偏来实现：一方面要探索构建金融利润反哺机制。推动建立“盈利服务于功能发挥”评价导向，通过社会舆论、市场评估及监管部门考核，引导金融机构把减费让利制度化。另一方面金融业让利要坚持量力而行。合理的息差是银行机构赖以生存的基础，我国银行股估值水平普遍过低，很难从资本市场上募集核心资本，商业银行维持一定的利润增长是内源补充资本的重要方式，有助于提高银行支持实体经济和防范风险的能力。

3. 金融与实体经济再平衡的有效路径

金融脱离实体经济的自我发展，无论走多远，总是要回归实体经济本源的，这是由金融的内在性决定的。坚持经济和金融一盘棋思想、坚持金融的功能性为第一性、完善服务实体经济的金融体系是实现金融与实体经济再平衡的关键。

（1）坚持经济和金融一盘棋思想

实体经济是创造财富和价值的经济部门，金融是进行资源配置和宏观调控的重要工具。习近平总书记在省部级主要领导干部推动金融高质量发展专题研讨班开班式上强调，各级领导干部要增强金融思维和金融工作能力，坚持经济和金融一盘棋思想。这一重要论述深刻揭示出经济和金融之间的紧密联系，将经济和金融视为一个有机的整体，审视资本驱动下的金融和经济可能造成的扭曲与失衡的原因及机理，对于做好新时代金融与实体经济再平衡具有重要指导意义。

增强金融思维，要求我们树立正确的金融观。金融不仅是资金的融通，更是资源的配置、风险的管理、产业的升级，我们要以全局观念和系统思维谋划推进，做到统筹兼顾，从金融论金融转向从社会论金融，不断增强金融服务实体经济的系统性、整体性、协同性。增强金融工作能力，要求我们掌握专业的金融知识和技能。金融工作涉及面广、专业性强，我们要加强对金融市场、金融机构、金融产品的了解和研究，提高对金融形势的分析和判断能力，增强对金融风险的防范和应对能力。我们要学会运用金融工具和手段促进经济结构调整和转型升级，防范和化解金融风险，提升金融服务实体经济的能力和水平。

坚持经济和金融一盘棋思想，就是要牢固树立大局意识，把推进中国式现代化作为最大的政治，自觉将经济和金融工作放到推进中国式现代化这个大局中去思考与定位，在党中央集中统一领导下统筹推进经济和金融高质量发展。

（2）坚持金融的功能性为第一性

金融业作为财富分配属性强于财富创造属性的特殊行业，如果在与财富创造属性为根本属性的实体经济的互动中，长期虹吸了实体经济创造的大部分财富，那么必将对实体经济造成持续的损害。如果不纠正这种局面，必将造成大量的实体企业倒闭，或者出走海外，最终结果只能是加速国内产业的空心化。

我国金融业“坚持功能性是第一位的”意味着金融业将更加注重服务实体经济和社会的全面发展，而不是单纯追求利润最大化，是对“对标华尔街”发展路线与模式的正式否定。西方金融体系在推动人类三次工业革命和现代化进程中发挥了重要作用，但同时暴露出明显的垄断性、掠夺性和脆弱性，不仅造成巨大的贫富差距，还屡次引发经济金融危机，与中国特色金融的“人民性”追求是背道而驰的。“坚持功能性是第一位的”是我国金融业的一次深刻变革，也是对全体金融从业者的一次精神洗礼。它要求金融业在新时代下重新审视自己的角色和使命，顺应经济社会发展的战略需要、阶段特征和结构特点，因势利导调整完善服务实体经济的重点方向和方式方法。

只有当金融真正回归服务社会的初心，才能在实现中华民族伟大复兴的历史进程中，发挥出“国之重器”的应有作用。近年来，我国进一步明确了金融改革的方向，并通过一系列举措引导银行业盈利水平向行业平均利润收敛，使得金融与实体经济之间的共生关系更加明晰和稳定。

(3) 完善服务于实体经济的金融体系

中国金融体系的设计、改革和发展，要以服务于实体经济为根本目的，从金融供给侧入手，打破金融资源通往实体经济的瓶颈，完善服务实体经济的金融体系。首先，必须完整、准确、全面贯彻新发展理念，把金融服务实体经济作为根本宗旨，切实融入创新、协调、绿色、开放、共享发展的全过程和各领域。其次，要以金融体系结构调整优化为重点，推动金融服务结构和质量的转变，为实体经济发展提供更高质量、更有效率的金融服务。最后，要建设一个规范、透明、开放、有活力、有韧性的资本市场，完善资本市场基础性制度，提升直接融资比例，逐步扭转以银行为主导的资源配置结构。

另外，完善服务于实体经济的金融体系，还要构建产业资本主导的金融供给机制。新质生产力以其颠覆性创新驱动、产业链条新、发展质量高等特征区别于传统生产力，是未来中国经济转型升级和结构调整的方向。如果“科技—产业—金融”的新三角良性循环能够顺畅运行，并且不断进行自身的探索、优化和升级、迭代，其将走出一条全新的道路，将取代过去“房地产—土地财政—金融”的旧三角循环。重点是做好金融“五篇大文章”，厘清金融服务实体经济的领域和方向，将更多金融资源配置到科技创新、先进制造和绿色发展等领域，支持那些符合国家产业发展方向、主业集中、技术先进、产品有市场、暂时遇到困难的民营企业。

处理好经济价值和社会价值之间的关系

金融作为社会经济主体发展和经济增长的重要支撑与驱动力，具有经济价值和社会价值的双重属性。经济价值是金融作为企业方式存在的保障，但不是全部，社会价值才是金融的本质核心。中国式现代化是全体人民共同富裕的现代化，在社会领域提出了一系列新的目标、新的任务，对金融服务提出了更高要求。金融发展要以社会价值为出发点，坚持有效服务实体经济，实现经济价值和社会价值的平衡以及整体价值的最大化。

1. 金融经济价值和社会价值的衍生与分化

（1）金融经济价值和社会价值的衍生

金融，作为现代经济体系中至关重要的组成部分，其根源深植于经济活动之中，伴随着经济的发展和社会的演变，金融的功能也在逐渐演进和扩展提升。金融社会化、社会金融化扩张引发了更为深刻的社会变革，金融既是社会问题的产生源头，也是解决社会问题的重要工具。

金融的经济价值和社会价值本身是金融在参与社会经济活动中衍生分化的不同方面，经济价值侧重资源配置和风险管理，而社会价值着眼于社会公平和社会稳定。白钦先等提出金融功能发展理论，认为金融功能演进的现实基础即是金融从萌芽到成型再到复杂化的发展，这个过程凸显的是商品经济的发展，特别是市场经济普遍持续的高度发展。基于资源配置这个核心功能，从服务功能、中介功能这些基础功能，逐渐形成经济调节、风险规避等扩展功能，以及风险交易、信息传递、公司治理、引导消费、区域协调、财富再分配等衍生功能。从金融功能的演化来看，由于能实现跨时空、跨部门的资源转移，金融的社会功能或者说社会价值进一步提升。而在金融功能不断演化发展的过程中，金融的经济价值和社会价值的边界也逐渐清晰。

（2）金融经济价值脱离社会价值的分化

从我国先秦时期以“轻重论”治国安民到唐宋时期以“质库柜坊”促经济繁荣，再到晚清时期以“户部银行”经营国库、拯救危局，从大航海时代满足商品交易需求到工业革命时期服务于资本积累，再到如今层次化的金融市场和多样化的金融衍生工具，金融从萌芽诞生之日起，就为经济和社会发展提供了坚实保障。然而回溯历史演化规律，金融也往往出现周期性的功能异化，并反过来给社会和实体经济带来危害。金融危机的爆发、贫富分化的加剧、社会阶层的撕裂都是金融危害社会与经济的现实证据。把这些历史摊开来看，不难看到背后金融经济价值与社会价值分野的事实。

对经济价值的过度追求导致资源错配现象时有发生。金融在追求经济利益最大化时，可能忽视了实体经济的真实需求，造成资源的不合理分配，影响了经济的可持续发展，也间接对社会稳定造成冲击。在19世纪末20世纪初的美国，铁路建设热潮兴起，大量金融资本涌入铁路行业，过度投机使得铁路股票价格虚高。最终，铁路建设过度扩张，许多项目无法盈利，导致金融市场动荡，大量投资者血本无归。

此外，没有正确价值观导向的金融创新在一定程度上加剧了经济价值与社会价值的分野。2007年美国次贷危机爆发，金融机构为了追求高额利润，过度发放次级贷款，并将这些贷款打包成复杂的金融衍生品进行销售。当房地产市场泡沫破裂时，这些金融衍生品价值暴跌，引发了全球性的金融危机。这场危机不仅导致金融体系崩溃，还使得实体经济遭受重创，失业率大幅上升，无数家庭面临经济困境。当经济价值从手段变成目的本身时，社会价值被忽略，金融自身也逐步陷入“价值迷失困境”。

（3）经济价值和社会价值分化的原因分析

两者分野实际上是经济性的放大和社会性的弱化，从而导致金融功能的异化，这种金融功能异化的现象与金融自身的增值性有着本质的关系，致使金融成为矛盾的个体，陷入自我循环、自我膨胀。

一是利益驱动与目标差异。金融体系中存在的多层委托代理关系以及严重的信息不对称现象导致的委托代理困境和短视行为，加剧了金融经济价值与社会价值的分野。根据委托代理理论，代理人可能会出于自身利益而偏离委托人的目标。在金融行业，管理层的薪酬和业绩往往与短期经济指标挂钩，这使得他们更关注短期的经济价值创造，如追求季度或年度利润增长。这种短视行为可能导致金融机构忽视与社会价值相关的长期战略，如对普惠金融的投入、对环境和社会可持续发展的支持等。同时，由于金融机构在信息不对称中占据优势，在经济价值驱动下，它们可能会利用这一优势开展高风险、高回报业务，却没有充分考虑对社会稳定、公平等社会价值层面的影响。例如，一些复杂金融衍生品交易在为金融机构带来经济利益的同时，可能引发系统性风险，损害社会整体利益，从而使经济价值和社会价值在目标导向与实现路径上出现偏离。

二是外部性问题与市场失灵。金融活动具有显著的外部性特征，当金融活动脱离实体经济独立发展时，金融的负外部性往往容易被忽视，这也是导致价值失衡的重要因素。金融机构在过度追求经济价值的过程中，若从事高风险的金融投机或过度发放贷款，可能会引发系统性金融风险。由于市场机制本身无法有效解决这种外部性问题，金融经济价值与社会价值之间的关系失衡，实体经济将承受金融机构过度逐利行为带来的负面后果。

三是激励机制扭曲与监管挑战。当前，金融行业的激励机制在很大程度上倾向于经济价值的追求。金融从业者的薪酬、奖金以及晋升机会，往往与业务的经济绩效紧密相关，如创造的利润和完成的交易规模等。这种激励机制驱使他们热衷于追求经济价值，而对社会价值的考量相对较少。与此同时，金融监管领域也面临着严峻的挑战。监管机构的目标在于实现金融的经济价值与社会价值之间的平衡，然而，金融创新的层出不穷往往导致监管措施滞后。部分金融机构可能利用监管的不足，通过创新金融产品和业务模式追求经济利益，而这些创新可能会对社会价值造成损害。

2. 金融经济价值与社会价值平衡的内在逻辑

（1）社会价值是金融的价值之源

金融回归本源的需求和趋势逐渐明晰，但何为“本源”？金融，自其诞生伊始，便深深扎根于社会经济活动的土壤之中，其最初的使命便是服务于社会需求。无论是古希腊的公共银行还是中国古代的钱庄票号，其最初的目的都是满足社会经济活动的需求，促进贸易发展和社会稳定，基于其基础功能——资源配置功能以保障交换的公平性与便利性，让社会资源得以合理流转。正如《管子・国蓄》所言：“凡将为国，不通于轻重，不可为笼以守民；不能调通民利，不可以语制为大治。”强调的便是通过合理的经济手段（包含金融相关举措）来协调民众利益，实现社会的良好治理。可见金融从诞生之初就不是孤立于社会之外的逐利工具，而是承载着社会发展使命的服务机制。

金融作为历史进程中自然出现的一种社会分工，社会价值是内生属性，是金融内生于社会活动而带有的自然属性；而经济价值是附加属性，是金融在实现社会功能过程中逐渐获得的个体属性。

（2）经济价值和社会价值依存共生

金融的经济价值和社会价值从来都不是相互对立的两个方面，而是金融顺应经济社会发展的需求而逐渐衍生出来的，具有内在统一性的两个特征属性。金融演进的历史，就是一部社会属性和经济属性有机融合的历史。

一方面，经济价值是社会价值实现的物质基础，是金融机构作为企业存续的基础。当金融体系能够高效地进行资源配置，推动经济增长、产业升级，创造出更多的就业机会和社会财富时，其才有足够的物质基础和能力去实现诸如保障民生、促进社会公平等社会价值。

另一方面，社会价值是经济价值的根本目的，是金融的经济价值可持续发展的本源和核心，是经济社会可持续发展的底线要求，也是经济价值再升维、再优化的根本保障。金融良好的社会价值体现有助于营造稳定、和谐的社会经济环境，从而反哺其经济价值的进一步发挥。

（3）经济价值和社会价值的有机统一

一是从金融功能理论来说，金融具有资金融通、资源配置、风险管理、价格发现和支付清算等功能，这些功能的有效发挥不应仅限于经济利益的追逐，还应着眼于社会整体福利的提升。以社会价值为导向则能促使资金流向诸如绿色产业、普惠金融服务惠及的弱势群体及小微企业等对社会发展至关重要的方向，实现经济结构优化与社会公平的兼顾。

二是从福利经济学角度来说，金融社会价值的实现是社会整体帕累托最优。金融活动作为影响资源配置的关键因素，只有将社会价值纳入考量，才能在追求经济价值的同时，避免资源错配等问题导致部分群体利益受损，进而更趋近社会整体福利的最大化，实现经济价值和社会价值在更高层面的有机统一。

三是金融体系的稳定与可持续发展也依赖于社会价值的实现。以社会价值为导向的金融活动能够通过促进社会和谐、保障公平发展等方式，为金融体系自身营造一个稳定且可持续的外部环境，达成经济价值与社会价值的有机统一，在推动社会经济发展的过程中实现自身的良性循环与持续进步。

3. 以社会价值为导向实现整体价值最大化的有效路径

正是由于金融的经济价值源于社会价值、内生于社会价值，并且服从和服务于社会价值，所以只有以金融的社会价值为导向才能从根本上提升全社会整体价值最大化和福利最大化，具体包含以下三条有效路径。

（1）坚持社会与经济价值目标的融合协同

金融的经济价值和社会价值是金融“一个问题的两个方面”。在构建中国特色金融价值评价体系的过程中，坚持社会与经济价值目标的融合协同是实现以社会价值为导向达成整体价值最大化的核心要义。

首先，要始终坚持以满足实体经济的需求作为目标融合的交汇点。金融与实体经济共生共荣，金融只有服务好实体经济，优先实现金融的社会价值，自身的经济价值才能够实现，才能从实体经济发展中得到可持续的“合理回报”。一方面，金融的价值评价要引导金融机构深入调研实体经济各领域、各层面的需求特性，以兼具经济效益与社会效益的金融服务，满足实体经济的金融需求，从而达成经济价值与社会价值目标的融合。另一方面，金融在向社会提供服务的过程中，要更多服务善的主体的需求，陪伴善的主体的成长，撬动资源向善的主体倾斜，实现金融的社会价值与社会经济主体的发展目标同向同行。例如，服务社会责任履行较好、社会价值更大的市场主体，让金融的社会价值在服务社会经济主体的过程中更好地落地。

其次，要以金融创新作为经济价值和社会价值目标融合协同的驱动引擎。社会的金融需求既不是单一的，也不是一成不变的，金融的经济价值和社会价值目标要在发展中实现融合协同，而金融发展的源泉就在于守正创新。因此，要围绕经济、社会、人民等不同社会主体在不同时期的金融需求，依托于数字化技术，在功能第一性原则下开展金融产品创新、服务创新和模式创新，不断满足社会的金融需求。

（2）从全局视角实现风险收益的统筹平衡

在金融领域，经济价值的追求通常伴随着对风险—收益的权衡。金融机构和投资者根据自身的风险承受能力与预期收益来选择投资策略及金融产品。传统上，这种权衡主要出于局部的、个体的利益考虑，如通过多样化投资组合分散风险，或者利用金融衍生品对冲风险，以实现特定的经济目标。然而，这种局部的风险控制可能忽视了系统性风险对整个社会的影响。

从金融的社会价值出发，站在全局、长期的视角，要更好实现资源的跨期配置和风险管理。一方面，推动金融资源真正集聚到高质量发展的战略方向、重点领域和薄弱环节上来，利用金融在价格发现中的天然优势，真正实现长期、可持续的发展。另一方面，有效管理和调节金融自身行为，防范化解系统性金融风险、保持金融稳定。防范化解金融风险特别是防止发生系统性金融风险，是金融工作的根本任务，也是金融高质量发展的逻辑前提。

在实现风险—收益权衡从局部扩展到全局的过程中，需要金融机构和监管机构的有效协同，在鼓励合理经济价值创造的同时，通过宏观审慎监管等手段控制系统性风险，促使金融活动的风险与收益在整个社会层面达到平衡。

（3）基于多维评价实现激励约束的协调统一

金融市场本身存在强大的激励机制，促使金融机构和从业者追求经济价值。这种市场激励机制在一定程度上促进了金融市场的活力和效率，但如果缺乏有效的约束，可能会导致过度逐利和不正当竞争。

要达到金融经济价值与社会价值的平衡，需要激励机制与约束机制的有效配合，构建注重功能性发挥的多维评价体系，形成市场与监管的双轮驱动。一方面，要保留市场激励机制对金融创新和效率提升的积极作用。另一方面，通过完善的监管政策和强化的道德责任，约束金融机构的行为，使其在追求经济价值的同时，积极履行社会责任。对充分发挥金融功能性的金融机构给予适当激励，如支持国家重大战略方针、服务社会经济薄弱环节、注重社会价值创造、助力金融生态建设、培育弘扬中国特色金融文化等，同时加强对金融风险和发展质量的监管，促使金融活动在经济价值和社会价值之间实现平衡。

处理好股东利益和牌照责任之间的关系

金融机构的股东和牌照决定了其发展的基本导向，处理好股东利益与牌照责任之间的关系对金融机构来说至关重要。作为依托股东投入的投资主体，金融机构具有盈利的驱动；作为依托国家资源的牌照机构，金融机构具有履行社会责任的义务。金融机构天然具有的特殊性以及牌照管理带来的特殊性均意味着金融机构不等同于一般市场主体，不仅要为股东创造利润，更要规范股东行为，建立起股东与金融机构共同成长的价值观，担当起“国之大者”使命。推动金融机构履行牌照责任的具体路径包括夯实党建引领根基，发挥外部监管的积极作用，构建权责透明、有效制衡的公司治理机制等，特别是要严防大股东操纵和内部人控制掏空金融机构的风险。

1. “股东至上论”不适用于金融机构

“股东至上论”强调股东利益最大化。由于金融机构经营活动、经营原则等的特殊性，聚焦单一目标的“股东至上论”存在局限性，将会影响金融机构的可持续发展。

（1）金融机构具有特殊企业性质

美国学者马丁·迈耶在其著作《大银行家》中指出，“保持银行稳定是一项非常重要的公共物品”。我国学者汪鑫在论及基本银行服务排斥时指出，“银行服务特别是基本银行服务日益成为人们生活的必需，客观上具有准公共品性质”。相较于一般企业，金融机构具有特殊的企业性质，在资本结构、经营方式等方面均具有特殊性。

一是高负债的经营成本结构。金融行业的资金来源更加依赖债权而不是股权，呈现“高债权、低股权”特征。例如，银行的资本构成严重依赖存款吸收，自有资本较少，即使按照《巴塞尔协议》要求，银行最低资本充足率也仅为8%。同时，银行的债务结构较为分散，每一个债权人占总负债的比例微乎其微，与一般企业的债权人相比，缺少实现外部制约的动力和能力。再以基金行业为例，截至2023年底，我国境内144家公募基金公司管理的资金规模约为27.6万亿元，而根据《中华人民共和国证券投资基金法》，设立公募基金的注册资本不得低于1亿元，同样也呈现出较高的行业杠杆率。

二是严重的信息不对称。金融体系存在大量的各种契约，信息不对称问题在金融业中尤为突出，也更容易引发道德风险和逆向选择行为，委托代理关系是金融体系中的核心关系之一。参考张维迎《博弈论与信息经济学》，在信息不对称和利益冲突环境下的委托代理模型具体可分为五类（见表3－1）。保险公司和投保人之间就存在严重的信息不对称，例如，在健康险中，投保人才真正清楚自己的健康状况，即投保人具有信息优势；但在某些情况下保险公司又具有信息优势，尤其在保险条款制定方面，投保人很容易被冗长琐细、五花八门的条款迷惑。再如，银行资产交易的非透明性主要表现在银行贷款的真实风险会受很多内外部因素制约而没有直接显现，研究发现在许多中低收入国家和转轨经济国家，银行的关联贷款占比较高。

表 3－1　委托代理模型分类

类别	解释	金融体系中的示例说明
隐藏行动的道德风险模型	签约时，信息是对称的；签约后，委托人只能观测到结果，不能直接观测到代理人的行动和自然状态的本身	存款人将资金存在银行后，难以直接观测到银行如何进行项目投资
隐藏信息的道德风险模型	签约时，信息是对称的；签约后，在一定的自然状态下，代理人根据自然状态选择行动，委托人可以观测到代理人的行动，但不能直接观测到自然状态	基金销售人员知道顾客的特征，而基金公司经理不知道；基金经理要向基金销售人员提供刺激以使后者针对不同的顾客选择不同的销售策略
逆向选择模型	签约时，信息就是不对称的；资质越差的代理人越有积极性与委托人签订合约	财务状态越是严峻的企业越有动力去银行寻求贷款
信号传递模型	委托人不知道代理人的类型；为了显示自己的类型，代理人选择某种信号；委托人在观测到信号之后与代理人签订合同	投资者不知道基金经理的类型，基金经理选择“年回报”作为信号，投资者以此选择基金经理
信息甄别模型	委托人不知道代理人的类型；委托人提供多个合同供代理人选择，代理人根据自己的类型选择一个适合自己的，并根据合同选择行动	保险公司针对不同的潜在投保人制定不同的保险合同，投保人根据自己的风险特征进行选择

三是较强的行业外部性。出于投融资、风险管理等动因，金融机构通过相互借贷而发生联系并形成特定的网络结构，金融体系对经济活动的影响超出了市场交易直接参与者的范围，同时会对其他主体产生影响，即存在外部性。若考虑负外部性问题，则该网络结构为金融风险的传导提供了潜在渠道，金融风险的积累犹如一把“达摩克利斯之剑”，在外力因素或者金融系统内在偶然事件的影响下即可能产生连锁反应，形成系统性风险。2023 年，硅谷银行发布亏损报告后引发美国各市场股指均出现不同幅度的下跌，且对其所在地区的初创公司造成了一定的不利影响。

(2) “股东至上论”与具有特殊性的金融机构不相适应

一般企业的“股东至上论”主要建立在以下三个基本论断的基础上：一是股东是公司的所有权人；二是股东是剩余价值索取者；三是股东是具有高度同质性的利益群体。关乎企业责任的利益相关者理论已对“股东至上论”发起了挑战，再鉴于金融机构的特殊性，“股东至上论”在金融机构经营中的正当性更是遭受质疑。

首先，高负债的经营成本结构意味着股东不是唯一的所有权人，还应考虑量大面广的债权人群体，剩余价值索取权并不是先验地由股东所有。其次，由于风险收益的不对等，金融机构的股东和经营者均有从事高风险项目的激励与能力，一般公司治理中股东和经营者相互制约、相互牵制的治理机制大大弱化。若金融机构破产，其风险实则由债权人承担，而股东的损失则小得多，若采用“股东至上主义”则会为股东不当控制、盲目逐利行为提供理由。最后，出于金融行业强外部性的现实，金融机构的经营原则更多应是维护投资人、存款人的利益以及金融系统的稳定和安全。正如我国学者张建伟在商业银行公司治理的相关研究中指出的，“股东至上主义”与银行治理实践存在冲突，“股东至上主义”与“债权人主义”呈现抗衡之势，过分强调股东利益将置银行于高风险之中从而造成相关利益者的利益受损。

2. 牌照责任决定金融机构“国之大者”的使命担当

金融牌照是国家授予的特别许可，是一种分配稀缺资源的行为，但“权利的行使必须伴随着责任的承担”，金融机构有义务、有责任立足职责定位，将发展重心和发展重点校准到国家所需、民之所向。

（1）金融机构牌照管理的重要性

在一般情况下，牌照价值被认为是金融机构资本的重要组成部分；但20世纪90年代以来，尤其在西方国家，金融自由化进程加速，放松管制浪潮席卷全球，金融机构牌照价值带来的“垄断收益”急剧下降。在这种情况下，为了应对新竞争者的压力，金融机构很有可能将资本转向监管视野之外的业务，从事风险较高的活动。过分的金融自由化导致的“金融猜忌”和“金融不信任”，极大地增加了金融体系运行和金融资源配置的制度成本。

不少学者对美国与加拿大的金融稳定性进行比较研究，发现加拿大银行体系保持长期稳定的关键就在于对银行牌照有严格的准入限制；相比之下，美国银行体系之所以未能逃过金融危机，就是因为双轨制使得联邦与州都倾向于放松监管以扩大自己的监管范围，尤其在中小银行（州立银行）的准入方面，许多州为了将银行留在本地会推出更宽松的准入要求，埋下了银行危机的祸根。由此可见，在金融行业进行牌照管理具有重要意义。

（2）金融机构的牌照收益与牌照责任

迄今为止，我国整体上严守金融机构的准入限制，金融机构享有一定的牌照收益。金融牌照赋予持牌机构在特定金融领域的合法经营权，是开展业务的基石。2021年，宁波银行发布公告，以10.91亿元的价格购入华融消费金融70%的股权，较评估价溢价50%，反映了市场对具有全国展业能力的消费金融牌照的高度认可。另外，持牌金融机构还享有较大的监管福利和一些国家给予的“兜底性”政策支持。例如，银行遭遇财务困境等特殊时期，一般会得到央行作为最后贷款人提供的流动性支持以及其他政府部门的特殊保护。2017 年底恒丰银行出险之后，山东省政府承担属地责任，成立相应的工作组，采取地方政府注资和引战重组等方式对恒丰银行进行救助，主要由政府控股的中央汇金公司和山东省金融资产管理股份有限公司分别出资 600 亿元和 360 亿元，为银行重组提供了强大的资金支持。自改革重组以来，恒丰银行在剥离不良资产、引进战略投资的基础上逐步恢复了元气。截至 2024 年 9 月，恒丰银行资产总额为 1. 49 万亿元，不良率为 1. 62% 。

牌照对金融机构而言是一份许可、一份保护，但更值得强调的是，牌照还是一份期待、一份责任。金融机构在获得牌照的同时，被赋予了助力强国建设的任务使命。金融机构不仅要追求经济效益为股东负责，更要胸怀“国之大者”的使命担当，主动配合国家社会治理的需要，牢固坚守服务国家发展大局、支持实体经济、增进民生福祉的功能和定位，承担起更广泛的社会责任。

3. 推动金融机构规范股东行为、履行牌照责任的有效路径

道德调节在社会经济运行中起着不可替代的制衡和协调作用，但在推动金融机构履行牌照责任的过程中，我们不能做一个“道德乌托邦主义者”或“道德万能论者”，而是要通过一系列严密的约束与监督机制、保障与激励机制等，实现金融机构股东利益与牌照责任的再平衡。以下提出如下三方面的具体路径。

（1）夯实党建引领根基

坚持党的领导是中国特色金融发展之路最本质的特征和最根本的政治优势。

在这方面银行保险机构已积累了一定的经验。2020 年，银保监会印发《健全银行业保险业公司治理三年行动方案（2020—2022 年）》，明确提出用 3 年时间在中国的银行和保险领域强化党的领导，把“党的领导”和“完善现代金融企业制度”有机结合起来。例如，将党委研究作为董事会、管理层重大事项的前置程序，明确前置程序的设置、重大事项的范围、冲突处理机制等，充分发挥党委把方向、管大局、保落实的领导作用，坚持到位不越位、有为不乱为。再如，采用“双向进入、交叉任职”的管理体制，党委书记和董事长由同一人担任，党委班子成员可以依法依规地成为董事、监事和高管等。

（2）发挥外部监管的积极作用

美国学者加里·戈顿在《银行的秘密：现代金融生存启示录》一书中将外部监管和牌照价值比喻成“大棒”和“胡萝卜”，金融体系特别是银行体系保持稳定的一个基本原因就是监管带来的收益（牌照价值）与管制（牌照责任）达成了某种“微妙的平衡”。作为特殊企业，金融机构自身的特殊性以及牌照管理带来的特殊性均决定了其公司治理结构和公司治理机制的完善离不开强有力的政策监管。

2024 年 5 月，我国召开中共中央政治局会议，要求推动金融监管真正做到“长牙带刺”、有棱有角，将严的基调、严的措施、严的氛围在金融领域树立起来并长期坚持下去。在大股东不当行为约束方面，我国目前基本形成了以国家金融监督管理总局规范性文件为主、法律原则性规定为辅的监管体系。例如，2020 年《中华人民共和国商业银行法（修改建议稿）》就体现了约束股东行为所做的努力，包括规定商业银行主要股东、控股股东、实际控制人股权变动需审批核准，规定股东权利负面清单，加强对股东关联交易管理等。

另外，要更好地发挥监管作用还应进一步扩充外部监管力量，转变过分依赖单一监督机构宏观审慎管理的监管模式，将包括债权人在内的社会公众纳入外部监管范畴。同时，可通过审计、评级等中介机构的强制信息披露扩充债权人的信息渠道，辅之以社会新闻媒体的舆论监督，多方面强化外部监管，推动金融机构校正目标定位、回归服务实体的初心本源，实现高质量发展。

（3）构建有效制衡的公司治理机制

一般情况下，公司治理并不过多依赖于外部监管，更聚焦公司内部治理的完善，构建权责透明、有效制衡的公司内部治理机制是平衡好股东利益与牌照责任、股东利益与债权人利益、大股东利益与小股东利益的“牛鼻子”。

在股权结构方面，大股东持股比例过高会天然带来“侵占”风险，不当行为容易发生，因此分散的股权结构对于防范内部人控制有重要作用。全体股东，而不是大股东，是公司治理的权威，股东通过股东大会投票反映自身的意志，进而作出包括选择董事会成员、公司发展战略等在内的重大选择。另外还要进行穿透式管理，防范个别股东将入股资金拆分包装成看似与自己无关的“壳子”，违规、超比例持股金融机构，导致一股独大，滋生关联交易。

在董事会设置方面，一个有效的董事会是金融机构进行公司治理和风险防控的基础，可以确保金融机构在快速变化的市场环境中稳健运作。金融机构可尽可能地增加董事会成员的数量，确保董事会成员具有多样性和代表性，使得更多的观点和思路被纳入决策过程中，从而提高公司的管理水平和决策质量。独立董事作为与公司任何利益群体都没有明显经济利益关系的个人，最适合扮演“居中裁判人”的角色，可通过薪酬激励制、责任追究制、随机轮调制等推动独立董事的勤勉履职，在客观上保证独立董事充分的履职条件，主观上充分调动独立董事为广大债权人的利益发声。

总之，金融价值评判标准随着社会经济的发展而不断变化，一个金融评价体系是否合理，关键在于其是否适应并满足了国情和时代发展的需要。构建中国特色金融价值评价体系有效发挥考核“指挥棒”作用，推动金融业在实现自身发展的同时，更要支持实体经济发展；在实现经济价值的同时，更要创造社会价值，从社会价值视角转变金融服务逻辑；在保证股东利益的同时，更要意识到金融牌照主要依托国家资源，金融机构理应肩负起“国之大者”的使命担当。

第四章

核心要义：建立以功能性为引领的“三维向度”

正确处理第三章所述“三对关系”，决定了重塑金融价值评价体系的“三个导向”。即既要坚持功能性的首要位置，又要落实好专业性算综合账、长远账的基础导向，在坚持整体风险观的前提下谋发展，也要明确盈利性是金融机构自身财务可持续性的保障。总的来说，就是要始终坚持金融功能第一性，坚持专业性，平衡好盈利性，让金融更好地服务于社会发展需求。

功能性——坚持“盈利要服从功能发挥”导向

当前金融社会形象不佳：一方面是“精英论”给金融从业者带来心理上的虚荣、政治站位上的偏差，滋生错误的观念和行为；另一方面是与党委、政府的认可和社会公众的信任存在预期偏差，对照“国之大者”的使命担当还有较大差距。金融是以信誉立足的行业，过去一些丑闻的爆发，使整个行业的信誉受到了质疑。我国经济社会发展的变局，对金融提出了新的时代课题，而金融基于社会价值，坚持功能性第一位，是主动应对变局，以金融自身高质量发展促进经济社会高质量发展的根本追求。功能性是重塑金融评价体系的核心，关系着能否落实好金融工作的政治性、人民性的要求，是体现金融与实体经济关系、改善金融社会形象和重建信任的重要依托。在构建功能性评价指标时，要突出“服务国家重大战略”“服务社会经济薄弱环节”“社会价值创造”“助力金融生态建设”的评价导向，高质量贯彻落实党中央重大决策部署。通过功能性评价指标的构建和完善，引导金融机构提高站位，坚持功能性第一位，持续提升服务国家战略的贡献度和服务实体经济的满意度，让金融发展成果更多更公平惠及全体人民。

1. 把功能性摆在首位是重塑金融价值评价体系的核心要义

党的二十届三中全会要求“深化金融体制改革”，中央金融委员会办公室在进一步落实深化金融体制改革中提出了“四大原则”，其中之一就是坚持问题导向和目标导向。问题导向主要针对过去过度强调盈利性导致金融服务中出现的各种问题，目标导向就是金融要以服务强国建设、民族复兴伟业为目标。围绕这两个导向，金融需要反思功能性与盈利性的平衡关系，分析制约经济社会高质量发展的因素并寻找新的突破口。而坚持功能性第一位，是满足实现社会主要矛盾破解、实现整体高质量发展的内在需求，协调处理各主体间的利益关系，达成集体间效率最大化以及成员间公平的重要路径。

（1）坚持金融功能性第一位，是金融支撑经济社会高质量发展的应有之义

一是坚持功能性第一位是综合考量社会、经济与金融的关系，应对变

局和服务高质量发展的重要支撑。高质量发展不只是一个经济要求，而是对经济社会发展方方面面的总要求，应对百年未有之大变局、满足人民对美好生活的向往、顺应经济发展方式的转变、促进新质生产力的发展等，落脚点都是高质量发展。而金融只有坚持功能性第一位，才能助力和支撑高质量发展。首先，只有坚持金融功能性第一位，才能不断满足人民对美好生活的向往。人民幸福安康是高质量发展的最终目的。金融功能性第一位本质上是践行金融的政治性和人民性，通过提供基础性、保障性金融供给，扩大普惠金融服务覆盖面。只有让更多兼具安全性、收益性、流动性的金融产品走进寻常百姓家，才能提高人民对金融服务的可得性、满足感，从而缩小贫富差距，防止社会撕裂。其次，只有坚持金融功能性第一位，才能真正践行好服务实体经济的宗旨。金融功能性第一位的主要内涵是服务好实体经济。过去一段时期，由于过度强调金融的盈利性、弱化功能性，金融机构在展业过程中对好的企业过度服务、对量大面广的中小微企业服务不足，导致服务实体经济的质效不高。高质量发展需要金融发挥资源配置核心功能，将资金引导到符合国家产业发展战略、具有长期增长潜力、创新驱动的产业领域，壮大耐心资本，为新质生产力发展蓄势赋能。

二是坚持功能性第一位是推动社会整体福利更趋近全局帕累托最优的重要路径。坚持功能性第一位，充分发挥金融的社会价值，在一定条件下让渡金融的经济价值，引导金融盈利活动符合社会发展整体目标，以实现社会福利最大化和整体风险最小化。在以个体期望效用最大化为目标的“个体理性”下达到的社会均衡点，难以服务社会整体最优。在不考虑外部性作用下，社会中的个体都是从最大化自身期望效用的角度出发来制定决策的，通过平衡安全性、流动性和盈利性的关系实现“个体理性”，在静态信息博弈下实现短期局部最优，达到一般均衡下个体期望效用最大化的纳什均衡点。在社会整体视角下，这个博弈过程忽视了金融体系问题的全局性和风险的负外部性，在效率和公平上存在局限性。因此，这种纳什均衡不一定能最大化所有博弈者期望效用总和，难以达到全局帕累托最优。而从长期的、全局的视角审视金融的社会价值，在“集体理性”中与民生共进、与大众共享，是社会整体福利的帕累托改进。金融主动超越自身的“经济属性”，拥抱天然的“社会属性”，放弃或弱化过于强调盈利性的个体思维，以合理的资源配置、公平的金融服务，将使实体经济获得更多资金、降低融资成本，以及扩大生产、激发创新和投资。同时，从社会价值视角审视金融风险，通过敏锐捕捉社会需求并理性地承担风险，避免风险外溢以及由此带来的社会经济动荡甚至危机，促进经济稳定增长并提高社会发展水平，从而达到在社会其他主体福利增进的同时，维护金融自身的核心利益和长期稳定，实现社会整体福利的帕累托改进，趋近社会整体的帕累托最优。

（2）坚持金融功能性第一位，是金融自身高质量发展的关键所在

金融发展依赖于经济发展，离开实体经济和社会发展，金融就是无源之水。一段时期以来，金融领域各种矛盾和问题相互交织、相互影响，经济金融风险隐患仍然较多，金融乱象屡禁不止等。究其原因是，金融发展与社会经济运行方向的偏离。要实现金融高质量发展，一个重要的前提是顺应复杂多变的新形势和新挑战，提高金融基础要素水平、改善金融运作机制、促进金融良性竞争与发展。这既是金融善的价值的根本所在，也是实现金融体系自身高质量、可持续发展的最优解。

一方面，坚持金融功能性第一位，意味着站在全局、长期的视角，更

好地实现资源的跨期配置和风险管理。首先，推动金融资源真正集聚到高质量发展的战略方向、重点领域和薄弱环节上来，利用金融在价格发现中的天然优势，真正实现长期、可持续的发展。金融功能性要求扬弃过去金融单纯以盈利为目的的“资金空转”“雨天收伞”“嫌贫爱富”等现象，推动金融服务由“被动的需求跟随”转向“主动的供给推动”，由“以产品为中心”转向“以客户为中心”，由“打猎模式”转向“种田模式”，实现金融服务结构和质量的转变提升，在促进社会整体增长的同时，实现金融自身的可持续发展。其次，有效管理和调节金融自身行为，防范化解系统性金融风险、保持金融稳定。防范化解金融风险特别是防止发生系统性金融风险，是金融工作的根本任务，也是金融高质量发展的逻辑前提。在盈利性主导下，以财务审慎理性为准则的金融机构具有高度一致性行为，导致容易出现市场的剧烈波动和金融风险具有高度传染性。金融功能性强调发挥金融的融资功能和放大功能帮助实体经济化解风险，有效缓解金融风险内生机制，阻断金融风险蔓延，防止金融泡沫扩大，增强金融自身抵御风险的能力，实现高质量发展。

另一方面，坚持金融功能性第一位，是保持金融守正创新活力和推进金融治理的重要依托。金融高质量发展的一个重要内涵是“坚持在市场化法治化轨道上推进金融创新发展”。创新是金融保持发展活力的源泉，守正是基本要求。但当前，金融机构要么存在不创新的问题，经营模式同质、差异化发展不足；要么存在伪创新、乱创新的问题，单纯以盈利为目的脱实向虚。从根本上讲，主要是金融机构的定位存在偏差和金融治理有待完善。只有坚持金融功能性第一位，才能实现金融机构以实体经济为锚、在法治轨道上的守正创新，提升金融治理和服务实体经济的能力，这是金融高质量发展的根本动力和重要手段。

2. 正确的义利观是评价金融功能性的价值基准

中国特色金融文化是中国式金融区别于西方金融的底蕴所在，而其中“以义取利，不唯利是图”这种朴素的义利观、价值观深刻体现了金融高质量发展的内在要求，金融要“义”字当头，即功能性第一位，“利”字为次，即盈利性第二位，义在利先，义利相兼。只有这样，金融才能在服务实体经济中真正实现自身价值，才能在推动高质量发展中获取合理回报，在“义”和“利”的平衡中实现金融自身高质量发展。

（1）义利之辨：校准金融价值本源

“义者，宜也。”“义”是立身之本，是人之为人的应然之则；“利”是外部客体上的欲望与追求，是物质需求的现实化。义利之辨，自古便是中华传统文化的重要议题。儒家主张“制事以义”，孔子认为“不义而富且贵，于我如浮云”，强调“见利思义”“义以为上”。孟子强调“先义后利”，提出“王何必曰利？亦有仁义而已矣”，将义置于国家治理中的重要位置，认为统治者应当以仁义为根本。《大学》中亦有言：“德者本也，财者末也。”就个人而言，“先义而后利者荣，先利而后义者辱”。既要辨别义与利，更要明确“义”作为道德原则的普遍性和超越性，重视原则纲纪义理。当前，金融正面临定位重塑、站位提升的发展变局，也需要一次认识深刻的“义利之辨”，找到金融的本质，明晰最根本的目的是什么，赓续传统以义当先的文化基因。

从金融的功能来审视，其核心要义在于实现资源的有效配置，进而推动经济的稳定与发展，金融更要“因民之所利而利之”。《管子·乘马》中提到“市者，可以知治乱，可以知多寡”，金融市场作为经济的晴雨表，其重要性不言而喻。然而，这一关键功能的发挥倘若偏离了正确的义利观，便似脱缰之马，可能引发一系列棘手问题。在缺乏道德约束与社会价值考量这一“缰绳”时，金融市场极易滋生过度投机行为。“放于利而行，多怨”，当逐利成为唯一目标时，金融市场便会陷入混乱。以历史上的金融危机为例，部分金融机构为了追求“利”，将道德与责任抛诸脑后，忽视了对金融风险向社会扩散的“义”。如同盲人摸象般，只看到眼前的利益，却对整个金融体系和社会可能遭受的冲击浑然不觉。这种短视行为既使金融自身掉入价值迷失陷阱，又给社会带来巨大损失。

在重塑金融价值评价体系这一复杂而关键的进程中，金融功能性的实现必须建立在以义为根本的基础之上。只有秉持“义在利先”，金融才能真正发挥其积极作用，实现经济与社会的良性互动和协同发展，成为推动人类福祉提升的有力工具。

（2）义利平衡：矫正金融价值取舍

金融的功能在于服务经济社会，是兼具经济性与社会性的协作集合体，其行为及结果不仅具有经济价值，而且具有社会价值，金融的健康发展必然寻求义与利的统一。只有义利兼顾，才能义利兼得。中国传统的义利思想为金融领域的义利权衡提供了深厚的思想土壤。所谓“义利兼顾”，就是要摒弃“枉道而假财”。道家主张顺应自然，反对过度的逐利行为，认为“甚爱必大费，多藏必厚亡”。在金融语境下，意味着不能过度贪婪地追求利润，要寻求义利平衡。

实体经济是金融生存与发展的根基，金融若只重自身之利，无疑是竭泽而渔。在推动高质量发展的道路上，金融需要在义利之间找到平衡支点。金融获取合理回报必须建立在遵循道德、履行社会责任的“义”的基础之上。如同天平两端，一端是经济价值，另一端是社会价值，只有两端平衡，金融才能在服务实体经济中真正实现自身价值，才能在推动高质量发展中获取合理回报，为经济社会的繁荣发展筑牢根基。

以正确义利观为导向构建金融价值评价体系的总体思路，以功能性为主导，强调该体系应全面、综合地反映金融功能性在义利两个方面的表现，并基于正确义利观构建的评价体系发挥对金融机构日常经营活动的引导作用。要突出“服务国家重大战略”“服务社会经济薄弱环节”“社会价值创造”“助力金融生态建设”的评价导向，高质量贯彻落实中央的重大决策部署。

（3）义利共生：导正金融发展之路

以正确义利观导正金融功能性的发挥，走中国特色金融发展之路，应当奉行谋利不损义、谋义即有利的义利共存，必先为人、谋利必先谋义的义利共融，不为谋利而谋义的义利共生等三种层次。从义利共存、义利共融到义利共生是金融秉持正确义利观下实现金融高质量发展的必由之路。

以义生利，义利共存。金融要深入践行政治性、人民性，以功能性为主导“谋”为民之“利”，实现“利”以丰民。在我国，“人民对美好生活的向往”是对金融作用提出的新要求，既包括提高广大人民群众在社会民生领域的生活质量，也包括提升弱势群体和低收入人群的生活福祉与促进共同富裕等。“不平衡不充分”主要是区域之间、城乡之间发展不平衡，收入差距大，以及创新、协调、绿色、开放、共享等领域发展不充分等，集中体现在“二八定律”支配下传统金融的服务功能尤显不足。如果金融的发展成果不能转化为全体人民的福祉，不能惠及弱势群体，那么财富和社会资源的高度集中将会导致社会不平等甚至社会割裂。在西方资本主义意识形态和社会制度下，金融资本已暴露出明显的垄断性、掠夺性和脆弱性，资源禀赋高的群体在社会博弈中总是占有绝对话语权，将进一步加剧资源分配不均，加大贫富鸿沟。金融要坚持在“人民至上”的理念下寻求义与利相互依赖、互为必要、和合相生的动态平衡，以部分之利实现全体之义。

以义制利，义利共融。金融具有逐利的天性，但这种逐利行为必须受到“义”的制约，如果完全放任资本逐利的属性，必然会导致经济发展过程中贫富差距拉大和周期性危机爆发。新阶段，高质量发展成为全面建设社会主义现代化国家的首要任务，也是构建高水平社会主义市场经济体制的主题，必然需要金融高质量发展与之相匹配。金融服务经济社会高质量发展的主要路径是在金融供给侧结构性改革中，依托数字化，做好科技金融、绿色金融、普惠金融、养老金融、数字金融“五篇大文章”，以功能性引导盈利性，以义制利，引导先进生产要素向代表经济社会未来发展方向的新质生产力领域流动，达到体用本末的作用。

以义固利，义利共生。经济是肌体，金融是血脉，两者共生共荣。金融以义生利，通过内在功能性的发挥，不嫌贫爱富、不营收至上，循序渐进、久久为功，在主动担当作为中为实体经济的发展带来持续动能。只有在实体经济的繁荣下，金融自身的高质量发展才能延续，在构建“天下大同，美美与共”中国特色社会主义和谐社会中闪耀出金融的“温暖光辉”。

3. 建立以功能性为主导的金融价值评价体系的逻辑

党中央明确提出，要牢固树立正确的经营观、业绩观和风险观，平衡好功能性与盈利性、专业性之间的关系。要坚持金融功能性的本体地位，只有以功能性为主导，才能确保在金融价值评价体系引领下的金融站位和服务达到重塑的期望目标。

（1）强调金融对国家重大战略的服务程度

金融作为国家牌照资源，其天然肩负着服务国家重大战略以及党委、政府中心工作的使命。在当今新时代的背景下，着力推进金融服务科技金融、绿色金融、普惠金融、养老金融、数字金融“五篇大文章”尤为关键。通过金融力量积极服务于以新质生产力为关键着力点所构建的现代产业体系，大力推动数字中国建设等一系列国家战略的落地实施，理应成为精准评判金融功能性与社会价值的核心重要维度。进一步提高其在整体评价体系中的权重占比，从而切实有效地提升党委、政府对金融工作的满意度，加大金融对国家战略全方位、深层次的支持力度，为国家的长远稳定发展奠定更为坚实可靠的金融基础，促进金融与国家战略目标的深度融合和协同共进。

（2）注重对薄弱环节和关键领域的服务程度

在当今复杂多变且竞争激烈的金融环境中，金融行业务必真正牢固树立起“以客户为中心”的服务理念。这意味着，金融机构需要具备敏锐的市场洞察力与高度的社会责任感，精准地将更多丰富多元的金融要素聚焦那些关乎高质量发展的重点领域，以及相对薄弱的环节。

在服务乡村振兴方面，金融机构应当积极发挥资源配置作用，为农村基础设施建设、特色农业产业发展、农村电商兴起等提供充足的资金支持与创新金融服务模式，助力在产业兴旺、生态宜居、乡风文明、治理有效、生活富裕等多个维度实现乡村全面振兴；针对“卡脖子”的关键技术领域，金融机构应当勇于加大风险投资力度，与科研机构、高科技企业携手合作，为前沿技术研发、科技成果转化等开辟绿色通道，推动我国在核心技术领域实现自主创新与突破。对于中长期制造业的发展，量身定制长期稳定的融资方案，支持企业进行设备更新、技术升级、智能制造转型等，增强制造业的核心竞争力与可持续发展能力；在民营小微企业领域，金融机构应当通过简化贷款审批流程、降低融资门槛、创新普惠金融产品等方式，切实解决融资难、融资贵的困境，激发民营小微企业的市场活力与创新动力。同时，高度重视人民群众的理财反诈工作，加强金融知识普及教育，构建严密的风险监测与预警机制，保障人民群众的财产安全与合法权益。

（3）加强对优化地方综合生态的服务程度

在当前的经济金融格局下，综合生态建设已然成为金融实现自身高质量发展，以及有效服务经济社会高质量发展的核心关键与重要着力点，同时也是深入推进社会治理体系现代化进程的重要方式与途径。

金融机构应当积极作为、主动谋划，将更为丰富多样且适配性强的金融服务精准地投放到一系列关键领域之中。在赋能地方政府平台健康运营方面，通过创新金融工具与服务模式，为地方政府融资平台提供合理的资金支持与债务结构优化方案，助力其在基础设施建设、公共服务供给等领域高效运作的同时，有效防范和化解潜在的金融风险，确保地方政府平台能够实现可持续的良性运营。针对企业综合成本迭代下降这一目标，金融部门可以积极推动利率市场化改革的深入实施，引导金融资源向实体经济倾斜，降低企业的融资成本；同时，大力发展供应链金融、科技金融等创新业务，提高企业的资金周转效率，降低企业在运营过程中的交易成本、管理成本等各类综合成本，增强企业的市场竞争力与盈利能力。此外，在社会金融意识整体提升领域，金融机构应充分发挥自身的专业优势与资源优势，广泛开展金融知识普及活动、投资者教育活动以及金融文化建设活动等，通过线上线下相结合的多元化宣传教育渠道，将金融知识、金融理念、金融风险防范意识等传递给广大社会公众，提高社会整体的金融素养与金融风险认知水平，营造健康、理性、有序的金融市场环境。

专业性——坚持“风险整体观”导向

专业性是体现金融牌照资源和具备社会准公共品服务能力的重要依托，金融的专业性包括多个层面，既包括金融监管的专业性，也包括金融机构的专业性，还包括金融服务的专业性等，金融的专业性决定金融工作成效和金融服务质量。无论是哪一个层面的专业性，归根结底体现在两个方面：一是以专业性推动实现社会资源的优化配置，提高全要素生产率，推动国民经济和社会发展；二是以专业性管理好风险，防止系统性风险发生。党的二十届三中全会提出要“筑牢有效防控系统性风险的金融稳定保障体系”。正因如此，防控风险是金融工作的永恒主题。当前，国际银行业监管普遍以《巴塞尔协议》为基石，旨在强化银行资本要求，提升银行业的风险管理水平。然而，《巴塞尔协议》侧重微观层面的单个银行风险管理，对于宏观层面的系统性风险关注相对不足，缺乏对金融机构之间相互关联、风险传染等系统性风险的全面识别和有效控制。同时，《巴塞尔协议》主要关注银行自身的资本充足率、流动性等指标，缺乏对金融与实体经济联动效应的考量。金融体系的风险最终会传导至实体经济，实体经济的波动也会反过来影响金融体系的稳定，而《巴塞尔协议》未能充分考虑这种双向的互动关系。

鉴于以《巴塞尔协议》为代表的传统风控体系在系统性风险和金融与实体经济联动方面的不足，金融行业需要构建更加全面和更具整体性的风险管理机制。金融是经营风险的行业，既有管理和分散风险的功能，又自带风险基因。加强全面风险管理，提升数字风控能力，既是金融机构的本职工作，也是防范化解金融风险，特别是守住不发生系统性金融风险底线的必然要求。在一个生态里，如果金融机构只管自身风险，那么社会的风险就会被传导放大，如果各参与方都在主动承担风险，社会的风险就会被化解降低。从专业性角度出发，金融机构需要将风控逻辑由“把关型”向“伴随式”转变，在陪伴客户成长的过程中提升风险防控能力，由金融机构自身的风险管理走向金融体系与实体经济的综合生态风险考量，平衡好主体与环境的关系、局部与整体的关系，确保社会经济体系的稳定运行。

1. 专业性是守住不发生系统性金融风险底线的关键所在

当今世界，金融体系已成为现代经济的基石，其稳定运行对社会经济健康发展至关重要。然而，金融体系本身的复杂性和脆弱性，使其容易受各种内外部因素的冲击，从而引发金融风险。近年来，全球范围内多次发生的金融风险事件，如 2008 年的全球金融危机，深刻地揭示了系统性金融风险的巨大破坏力。系统性金融风险一旦爆发，不仅会对金融机构造成重创，还会迅速蔓延至整个经济体系，导致市场恐慌、信用收缩、投资下降、经济衰退，甚至引发社会动荡。因此，有效防范和化解系统性金融风险、维护金融稳定，是各国政府和金融监管机构的首要任务。

专业性是金融机构履行金融职能、服务实体经济的基础，也是守住不发生系统性金融风险底线的关键所在。只有具备高度的专业性，金融机构才能有效应对复杂多变的市场环境，准确判断和防范风险，确保自身稳健经营，并为实体经济提供持续稳定的金融支持。要守住不发生系统性金融风险底线，从专业性角度，首先体现为所构建的识别、评估、控制和化解的全流程风控体系；其次依托于强大的数字风控能力，提升风险管理的精准度和效率；最后落脚在风控意识与机制层面，强化防范系统性风险的保障体系。

（1）全流程风控体系是防控系统性风险的基本要求

在日益复杂和充满挑战的金融环境下，构建全流程风控体系已成为金融机构专业性的基本要求，也是其稳健经营和可持续发展的关键所在。一套完善的风控体系不仅能有效识别、评估、控制和化解风险，还能提升金融机构的运营效率和市场竞争力。

遵从金融监管体系，确保合规经营。金融机构专业性首先体现在对金融法律法规和监管体系的深刻理解与严格遵守上，从而实现其自身的合规经营。这是金融机构稳健运行的基石，也是维护金融市场秩序的重要保障。为实现这一目标，金融机构需深入理解与掌握相关的金融法律法规、监管政策和行业规范，并将这些知识融入业务流程和风险管理体系中。此外，建立健全的合规管理体系是确保合规经营的关键所在，这包括明确合规管理的职责和权限、制定合规的管理制度和流程，以及进行定期的合规检查与评估。同样地，加强对员工的合规培训，提升其合规意识和风险防范能力，也是确保合规经营不可或缺的重要措施。

强化风险运营能力，提升效率和竞争力。金融机构的专业性需要高水平的风险管理与运营能力作为保障。这需要将风险管理理念融入业务运营的各个环节，并不断优化运营流程，提高效率和竞争力。强化风险运营主要涉及优化业务流程、健全内控体系和提升技术水平等。首先，优化业务流程不仅可以简化操作步骤、提高工作效率，还可以降低操作风险。其次，加强内部控制是必不可少的，一个健全的内部控制体系能够有效防范和化解风险，确保业务的顺利进行。最后，金融机构还需提升技术水平，运用先进的金融科技如大数据、人工智能和区块链等，以提升风险管理的效率和精准度。

打造全流程风险管理体系，构建稳固的风险防线。金融机构的专业性最终落脚在全流程的风险管理能力，涵盖从风险识别到风险处置的全过程。一是风险识别，对宏观经济环境、市场趋势、行业动态以及自身业务特点有深入的了解，并运用专业的风险识别工具和方法，从而全面感知、系统识别潜在风险。二是风险评估，准确评估风险的概率和潜在损失是有效风险管理的关键。建立科学的风险评估模型，并结合定量分析和定性判断，对已识别的风险进行全面评估。三是风险计量，风险计量是将风险转化为可量化指标的过程，为风险管理决策提供依据。运用先进的风险计量模型和技术，对不同类型的风险进行准确计量。四是风险监测，持续监测风险的变化情况是及时发现和应对风险的前提。建立完善的风险监测机制，并运用实时数据分析技术，对风险进行动态监测。五是风险控制，有效的风险控制措施能够将风险控制在可接受的范围内。制定明确的风险控制策略和流程，并配置足够的资源和技术手段。六是风险处置，需要建立应急预案和危机处理机制，并进行定期演练。当风险事件发生时，需要及时采取有效的处置措施，以最小化损失。

（2）数字风控能力是防控系统性风险的重要体现

在数字化时代，金融业正经历着深刻的变革，数字化转型已成为金融机构提升竞争力和实现可持续发展的必然选择。与此同时，金融风险的特征也发生了显著变化，对金融机构的风险管理能力提出了更高要求。数字风控能力的提升，不仅是适应数字化转型趋势的必然选择，更是金融机构专业性的重要体现。

数字化转型背景下金融风险具有新特征。数字化转型带来了金融业务模式、服务渠道和客户群体的深刻变化，也催生了新的金融风险特征。一是数据规模激增。随着金融业务线上化和数据化，金融机构面临海量数据的处理和分析挑战，如何从海量数据中提取有价值的信息，以及精准识别和评估风险，成为数字风控的关键。二是风险传播速度加快。互联网和移动通信技术的发展使得金融风险的传播速度大大加快。一个微小的风险事件可能在极短时间内迅速扩散，引发系统性风险。三是风险形态更复杂。数字化转型带来了新的金融产品和服务模式，也催生了新的风险类型，如网络安全风险、数据泄露风险、算法模型风险等。这些风险的形态更复杂，识别和防控难度更大。四是跨界融合风险增加。金融科技的快速发展推动了金融业与其他行业的跨界融合，同时带来了新的风险挑战。例如，金融机构在与第三方科技公司合作过程中，可能面临数据安全、风险责任划分等问题。

数字风控能力建设包括技术、系统和制度三大维度。为了应对数字化转型带来的风险挑战，金融机构需要构建强大的数字风控能力。首先，大数据分析、人工智能、云计算等技术的应用。利用大数据分析技术，挖掘海量数据中的风险信号；运用人工智能技术，提升风险识别和评估的精准度；借助云计算技术，提高数据处理和分析效率。其次，实时风险监测、预警和处置机制。建立实时风险监测系统，对关键业务指标进行实时监控；设置风险预警阈值，及时发现潜在风险；构建高效的风险处置机制，快速响应和处置风险事件。最后，数据安全和隐私保护。加强数据安全管理，确保数据的完整性和保密性；严格遵守数据隐私保护法规，保护客户的个人信息安全。

数字风控能力是提升专业性的重要路径，提升数字风控能力是强化金融机构专业性的重要途径。具体而言，可以通过以下路径实现。首先，优化风险模型，提高风险识别和评估的精准度，借助大数据分析和人工智能技术，构建更加精准的风险模型，提升风险识别和评估的准确性与及时性。例如，利用机器学习算法，构建客户信用评分模型，更准确地预测客户的违约风险。其次，加强数据治理，提升数据质量和可用性，数据是数字风控的基础。金融机构需要加强数据治理，确保数据的准确性、完整性和一致性。同时，建立完善的数据共享机制，提升数据的可用性。最后，培养复合型人才，使其掌握数字技术和金融业务知识，数字风控需要既懂金融业务又掌握数字技术的复合型人才。金融机构需要加强人才培养，提升员工的数字素养和风险管理能力。例如，组织员工学习数据分析、人工智能等相关知识，并鼓励员工参与金融科技创新实践。

（3）风险防范意识和机制是防控系统性风险的关键保障

系统性金融风险具有较强的隐蔽性，一旦触发就会对经济社会造成严重冲击，并给金融带来毁灭性打击。防范系统性风险，确保金融稳定，是金融机构专业性的基本要求。金融机构不仅需要从整体上强化对系统性风险的防范意识，还需要在风控策略和体系协同等机制层面，提升应对系统性风险的能力。

系统性风险是金融机构专业性的试金石。系统性风险是指金融体系中某个或某些因素的冲击，通过关联效应和传染机制，导致整个金融体系不稳定甚至崩溃的风险。其显著特征在于波及范围广、影响程度深，且往往难以预测和控制。金融机构作为金融体系的核心组成部分，其经营稳健与否直接关系到系统性风险的防范。而金融机构的专业性正是其抵御风险、维护稳定的关键所在。专业性体现在对风险的精准识别、准确评估、有效管理和及时处置。缺乏专业性，则意味着金融机构无法有效识别潜在风险，难以准确评估风险敞口，更无法制定和实施有效的风险应对措施。在这种情况下，微小的风险事件也可能被放大，通过复杂的金融网络迅速传导，最终演变为系统性风险。因此，提升金融机构专业性是防范系统性风险的首要任务。

压力测试与情景分析是专业性的前瞻体现。压力测试和情景分析是金融机构提升专业性、有效防范系统性风险的重要工具。通过模拟极端市场情景，压力测试能够评估金融机构在不利条件下的风险承受能力，揭示潜在的脆弱性。例如，通过模拟利率大幅波动、资产价格急剧下跌等情景，金融机构可以评估其资本充足率、流动性水平以及盈利能力的变化，从而提前识别风险点，并采取相应的应对措施。情景分析则更侧重对未来可能发生的风险事件进行预测和分析，帮助金融机构制定前瞻性的风险管理策略。通过对宏观经济走势、行业发展趋势以及地缘政治风险等因素进行综合分析，金融机构可以构建不同的风险情景，并评估其对自身业务的影响。例如，针对气候变化可能引发的极端天气事件，金融机构可以进行情景分析，评估其对农业贷款、保险业务等的影响，并制定应对预案。压力测试和情景分析的有效实施，需要金融机构具备强大的数据分析能力、风险建模能力以及专业的判断能力。这不仅需要先进的技术手段，更需要经验丰富的专业团队。通过不断完善压力测试和情景分析框架，金融机构能够提升自身的风险管理水平，更好地应对潜在的系统性风险。

跨部门协调是专业性的协同力量。防范系统性风险需要整个金融体系的共同努力，跨部门协调则是形成合力的关键。金融市场错综复杂，风险传导渠道多样，单一机构或部门往往难以全面掌握风险的全貌。打破部门之间的信息壁垒，实现信息共享，是提升风险监控效率和精准度的重要前提。通过建立统一的信息共享平台，金融监管部门、行业协会以及金融机构之间可以及时交流风险信息，形成对系统性风险的全面监测和预警。此外，建立跨部门风险处置机制也至关重要。当系统性风险事件发生时，需要各部门协同配合，迅速采取行动，控制风险蔓延。例如，在金融危机爆发时，中央银行、金融监管部门和财政部门需要密切合作，共同制定和实施救助方案，稳定市场信心。跨部门协调需要清晰的责任分工、高效的沟通机制以及统一的行动部署，这考验了金融体系的整体专业性和协同作战能力。

2. 风险整体观是评价金融专业性的内在要求

风险整体观强调从全局视角看待和管理风险，而非仅关注机构自身的风险，要求金融机构将自身的风险管理与金融体系和实体经济的稳定运行相结合。风险整体观引导金融机构的风控逻辑由“把关型”向“伴随式”转变，在服务客户的过程中提升风险防控能力。这一理念深刻反映了金融机构专业性的内在要求，也是衡量其是否具备成熟风险管理能力的重要标准。

（1）风险整体观要求金融机构从全局视角看待和管理风险

风险整体观意味着金融机构不能仅关注自身的风险敞口和经营安全，而应将视野扩展至整个金融体系乃至整个经济的稳定。在全球化日益深入、金融市场高度互联的今天，金融机构之间的风险关联性和传染性日益增强，个体风险极有可能通过复杂的金融网络迅速扩散，演变为系统性风险，进而对整个金融体系乃至实体经济造成冲击。

因此，金融机构必须深刻理解风险的关联性和传染性，认识到自身的风险管理行为并非孤立存在，而是与整个金融体系息息相关。例如，一家银行在发放贷款时，如果仅关注自身利益，而忽视借款人的信用状况和还款能力，就可能导致不良贷款增加，进而引发信用风险。这种风险不仅会影响银行自身的经营，还可能通过信贷市场传导至其他金融机构，甚至引发系统性金融风险。

具备全局视角的金融机构，会主动识别和评估自身的风险对金融体系可能产生的影响，并采取相应的措施进行防范。例如，在进行重大投资决策或开展创新业务时，会充分考虑其对市场流动性、市场价格以及其他金融机构的影响。同时，还会积极参与行业信息共享和风险预警机制建设，及时发现和应对潜在的系统性风险。

（2）风险整体观强调自身风险管理与金融体系和实体经济稳定相结合

金融机构作为服务实体经济的桥梁和纽带，其稳健发展与经济繁荣息息相关。一方面，金融机构应积极服务实体经济，为企业和个人提供优质的金融服务，支持经济发展；另一方面，应有效防范风险，避免自身经营不善而引发系统性风险，损害实体经济。

具体而言，金融机构应将风险管理融入业务发展的全流程，确保在服务实体经济的同时，风险得到有效控制。例如，在支持中小企业发展时，既要加大信贷支持力度，又要加强风险评估和贷后管理，防范信用风险。同时，金融机构还应积极参与金融体系建设，维护金融稳定。例如，积极参与支付清算体系建设，确保支付体系的安全高效运行；积极参与反洗钱和反恐怖融资工作，维护金融市场的秩序和稳定。

在应对系统性风险时，金融机构更应体现出风险整体观。面对市场波动或危机事件，金融机构应积极配合监管部门，采取有效措施稳定市场预期，共同应对风险挑战。例如，在市场流动性紧张时，提供必要的流动性支持；在市场恐慌时，积极引导市场预期，避免风险进一步蔓延。

3. 构建体现专业性和风险整体观的评价指标体系至关重要

金融机构的专业性和风险整体观，对于维护金融稳定、服务实体经济、促进可持续发展至关重要。科学合理的评价指标体系正是引导金融机构提升专业性、践行风险整体观的关键所在。金融市场环境日趋复杂，新兴金融产品和服务层出不穷，金融机构如果没有足够的专业性，就难以识别和应对这些复杂多变的风险。此外，一些金融机构仍然局限于自身的风险管理，缺乏对宏观经济形势和金融体系整体风险的认知，导致其风险管理策略与宏观审慎监管政策脱节，难以有效应对系统性风险。风险整体观要求金融机构不仅要关注自身风险，更要从全局视角出发，将自身的风险管理与金融体系和实体经济的稳定运行相结合。

（1）金融机构须树立牢固的风险整体观

在当今错综复杂且快速变化的金融环境中，金融机构面临着日益严峻的风险挑战。有效管理风险，不仅关乎金融机构自身的生存和发展，更关乎整个金融体系的稳定和实体经济的健康运行。因此，金融机构的专业性和风险整体观尤为重要。构建一套科学、全面、有效的评价指标体系，是衡量金融机构风险管理能力和社会责任担当，并引导其坚持风险整体观、推动金融业健康可持续发展的关键所在。评价指标体系是评估金融机构专业性和风险管理水平的重要工具，可以衡量金融机构在风险识别、评估、监测、控制和处置等方面的能力，以及其在服务实体经济、履行社会责任等方面的表现。一套完善的评价指标体系，能够帮助监管机构、投资者以及其他利益相关方全面了解金融机构的风险状况和经营稳健性，并为决策提供参考。通过科学的评价指标体系，引导金融机构坚持风险整体观，推动金融业健康可持续发展。风险整体观强调金融机构应从全局视角出发，将自身的风险管理与金融体系和实体经济的稳定运行相结合。明确评价指标体系的目标，正是要引导金融机构树立风险整体观，将风险管理融入业务发展的全流程，并在服务实体经济的同时，有效防范和化解风险，最终促进金融业健康可持续发展。

（2）风险整体观要求金融机构加强业务全流程风险管控

风险整体观强调金融机构从自身全局视角看待和管理风险，而非仅关注单一风险或局部风险。评价指标体系通过设置涵盖各类风险的指标，引导金融机构构建整体风险管理框架，并将其融入业务运营的各个环节，综合考虑市场风险、信用风险、操作风险、流动性风险等。传统的风险管理往往侧重单一风险的识别和控制，而忽略了不同风险之间的关联性和相互作用。评价指标体系通过设置涵盖各类风险的指标促使金融机构全面识别和评估各类风险，并分析它们之间的相互影响，从而避免“头痛医头，脚痛医脚”，形成对风险的整体认知。

（3）风险整体观要求金融机构强化社会责任和环境影响

风险整体观要求金融机构不仅关注自身风险，更要关注其对社会和环境的影响。评价指标体系通过纳入社会责任相关的指标，引导金融机构积极履行社会责任，促进可持续发展。鼓励金融机构关注绿色金融、普惠金融等领域，绿色金融和普惠金融是实现可持续发展的重要组成部分。评价指标体系可以通过设置绿色信贷占比、普惠金融服务覆盖率等指标，引导金融机构加大对这些领域的投入，支持绿色产业发展和弱势群体金融需求，从而促进经济的包容性和可持续性增长。

通过评价指标体系量化社会价值，促进金融机构承担更大的社会责任。传统的金融机构评价指标体系往往侧重财务指标，而忽视了社会价值。在评价指标体系中纳入社会价值相关的指标，如对环境保护、社区发展的贡献等，可以将金融机构的社会责任进行量化，并将其与绩效考核、激励机制挂钩，从而促使金融机构更加重视社会责任，积极为社会创造价值。

盈利性——坚持“在推动高质量发展中获取合理回报”导向

从商业属性来看，金融机构需要通过盈利覆盖运营成本、承担风险损失、进行技术创新和实现价值创造。持续的盈利能力是金融机构资本和利润来源的基础，不仅关系到金融机构的资本积累和资本充足率，而且影响金融机构吸引投资和实现股东价值最大化。在资本充足率方面，《巴塞尔协议》等国际银行业监管框架对金融机构的资本充足率提出了严格要求，而盈利是补充资本的重要途径。保持良好的盈利能力是金融机构满足监管要求、提升自身风险消纳能力的主要途径。正如《巴塞尔协议Ⅲ》强调的，充足的资本是银行抵御风险冲击的关键屏障。对于股东价值最大化，金融机构的经营目标之一是为股东创造价值，持续的盈利能力能够提升公司股票价值，吸引更多的投资者，实现股东价值最大化。迈克尔·波特在《竞争战略》中指出，企业需要通过创造价值获得竞争优势，而盈利能力正是价值创造的重要体现。

金融作为一个产业固然需要谋取利润，但不是利润越高越好，过度追求利润会导致金融与民争利、与实体经济争利。系统性风险就是这样而来的，一旦风险积聚并爆发，受害的是整个经济社会和国家。金融机构要在服务实体经济中实现自身价值、在推动高质量发展中获取合理回报。盈利性关系着金融机构自身财务的可持续性，通过自身能力赚取公平的回报，但不能以赚钱作为唯一的目的，要综合评估经济价值和社会价值。金融机构的盈利性既要体现“合理回报”的“经营绩效”的评价导向，更要体现“发展质量”的价值导向，展现“穿越周期”的经营韧性。以“在推动高质量发展中获取合理回报”的盈利性为导向，引导金融机构摒弃规模情结，提升投入产出效率和价值创造能力，找到服务实体经济与维持自身财务可持续发展的平衡。

1. 盈利性是维系金融机构可持续经营的重要保障

盈利是金融机构生存和发展的基础，也是其持续提供高质量金融服务的前提。合理的盈利能够激励金融机构提升效率、创新服务，更好地服务实体经济。盈利性指标的设置应关注金融机构的长期可持续发展，而非短期利益最大化。

（1）盈利性是金融机构生存和发展的基础

金融机构作为特殊的企业，在现代经济中扮演着至关重要的角色，其核心功能是配置资源、管理风险和提供金融服务。而要实现这些功能，并保持长期可持续的经营，盈利性是其不可或缺的基石。盈利并不仅是股东追求的最终目标，更是金融机构生存和发展的基础，其重要性体现在多个方面。

一是保障金融机构的日常运营和偿债能力。金融机构的日常运营需要支付各种成本，包括员工工资、办公费用、IT 系统维护等。此外，金融机构也需要偿还债务，如吸收的存款、发行的债券等。盈利是覆盖这些成本和债务的重要来源。如果没有足够的盈利，金融机构将难以维持正常运营，甚至可能面临破产清算的风险。

二是为金融机构的创新和发展提供资金支持。金融机构的发展壮大需要不断进行业务拓展和创新，如开设新的分支机构、开发新的金融产品、投资新的技术等。这些需要大量的资金投入。盈利为金融机构提供了必要的资金支持，使其能够不断发展壮大，提高市场竞争力。

三是增强金融机构抵御风险的能力。金融行业内生性地面临各种风险，如信用风险、市场风险、操作风险等。盈利可以增强金融机构抵御风险的能力。一方面，盈利可以积累资本，形成抵御风险的缓冲垫；另一方面，盈利可以为金融机构提供更多的资源，用于加强风险管理体系建设，提升风险识别和控制能力。

（2）盈利性是金融服务供给的前提保障

金融机构的盈利性与其提供金融服务的能力密切相关。盈利是金融机构持续提供金融服务的前提条件，也是其履行社会责任的基础。

一方面，盈利是金融机构持续提供金融服务的前提条件。金融机构提供金融服务需要投入大量的人力、物力和财力。只有保持一定的盈利水平，金融机构才能持续投入资源，维护和改进服务设施，开发新的金融产品，并不断提升服务质量。金融机构如果长期亏损，将无力持续提供金融服务，最终将失去市场竞争力。

另一方面，缺乏盈利能力将导致金融机构无法履行其职能，甚至退出市场。金融机构的核心功能是为实体经济提供金融服务，促进经济发展。金融机构如果缺乏盈利能力，将无法有效履行其职能，甚至可能被迫退出市场。这将对实体经济造成负面影响，阻碍经济发展。

（3）合理的盈利激励金融机构提升效率和创新服务

盈利并非金融机构的最终目的，而是其持续健康发展、更好地服务实体经济的重要驱动力。合理的盈利能够激励金融机构不断提升效率、创新服务，从而在竞争激烈的市场中保持优势地位，并为经济发展作出更大贡献。

盈利对金融机构效率提升具有内在的激励作用。追求盈利是市场经济的核心驱动力，金融机构也不例外。盈利目标的设定，能够促使金融机构积极探索提高效率、降低成本的途径，从而优化资源配置，提升整体运营效率。追求盈利促使金融机构优化资源配置，提高运营效率。为了实现盈利目标，金融机构需要将有限的资源配置到最具效益的领域。这促使金融机构对自身的业务流程、组织结构、人力资源等进行优化，消除浪费，提高效率。例如，通过精简机构、优化流程、提升自动化水平等措施，可以降低运营成本，提高盈利能力。竞争压力推动了金融机构改进技术和流程，降低了成本。在竞争激烈的金融市场中，金融机构为了保持竞争优势，必须不断改进技术和流程，降低成本，提高效率。例如，采用新的金融科技可以提高风险管理的效率、降低交易成本，从而提升盈利水平。

盈利是金融服务创新的重要激励因素。金融创新是金融业发展的动力源泉，而盈利预期则是推动金融创新的重要激励因素。金融机构为了提高盈利水平，积极探索新的金融产品和服务，以满足不断变化的市场需求。盈利预期鼓励金融机构开发新的金融产品和服务，以满足市场需求。市场需求是金融创新的根本动力。金融机构为了满足客户日益多样化和个性化的金融需求，积极开发新的金融产品和服务，如移动支付、在线理财、普惠金融产品等。而盈利预期则为金融创新提供了强大的激励，促使金融机构加大研发投入，加快创新步伐。技术进步和创新有助于金融机构拓展市场，提高盈利水平。技术进步是金融创新的重要推动力。金融机构通过应用新的技术，如大数据、人工智能、区块链等，可以开发出更便捷、高效、安全的金融产品和服务，拓展新的市场，提高盈利水平。例如，通过运用大数据分析技术，可以更精准地评估客户信用风险，从而降低不良贷款率，提高盈利能力。

2. 获取合理回报是评价金融盈利性的重要依据

金融机构的盈利应与其服务实体经济的贡献相匹配，避免过度追求利润。“合理回报”强调盈利性与发展质量的平衡，而非单纯追求利润最大化。因此，评价指标权重不宜过高，避免过度强调盈利性而忽视其他重要方面。

（1）金融机构的盈利应与其服务实体经济的贡献相匹配

金融机构作为现代经济的核心组成部分，其根本使命在于服务实体经济，促进经济健康发展。盈利性虽然是金融机构生存和发展的基础，但其盈利活动不应脱离实体经济，更不能以损害实体经济为代价。金融机构的盈利应与其服务实体经济的贡献相匹配，这才是可持续发展之道。

金融机构具有多重社会责任。金融机构的社会责任，不仅体现在维护金融稳定、保护消费者权益等方面，更体现在服务实体经济、支持经济发展上。这是金融机构存在的根本意义，也是其获得盈利的前提。金融机构的核心功能是服务实体经济，支持经济发展。金融机构通过提供信贷、投资、支付结算等服务，为企业提供资金支持，促进技术创新和产业升级，为居民提供理财、保险等服务，提高其生活水平。这些服务既是实体经济运行的润滑剂，也是经济增长的重要引擎。

盈利应建立在服务实体经济的基础上，而非以损害实体经济为代价。金融机构的盈利应来源于其为实体经济提供的优质服务，而非通过投机取巧、操纵市场等手段获取不正当利益。一些金融机构为了追求短期高额利润，可能会从事高风险业务，甚至进行违规操作，最终损害实体经济的利益，甚至引发金融风险。

金融机构应避免过度追求利润。利润是企业经营活动的最终目标之一，但对于金融机构，过度追求利润可能会带来严重的负面后果。金融机构必须将盈利目标与风险控制、社会责任等因素相结合，避免为了追求短期利益而牺牲长期稳定发展。

过度追求利润可能导致金融机构从事高风险业务，增加金融风险。为了追求高额利润，一些金融机构可能会将资金投入高风险、高收益的领域，如房地产投机、高杠杆交易等。这些业务虽然能够带来短期的高额回报，但蕴藏着巨大的风险。一旦风险爆发，不仅会给金融机构自身造成损失，还可能引发系统性金融风险，对整个经济造成冲击。

高额利润并不一定代表对实体经济的贡献大，金融机构的盈利水平与其对实体经济的贡献并非简单的正相关。一些金融机构虽然盈利很高，但其业务主要集中于金融市场内部的交易和投机活动，对实体经济的贡献有限。相反，一些服务于中小企业、农村经济的金融机构，虽然盈利水平不高，但其对实体经济的贡献非常重要。

(2)“合理回报”强调盈利性与发展质量的平衡

在评价金融机构的盈利性时，不能仅关注利润规模，更要关注其盈利质量和可持续性。“合理回报”正是强调盈利性与发展质量的平衡，而非单纯追求利润最大化。它体现了金融机构稳健经营、服务实体经济的理念，也是实现金融业长期可持续发展的关键。

“合理回报”的核心内涵包括风险性、合法性和贡献度。“合理回报”并非一个绝对的数值，而是一个相对的概念，需要综合考虑多种因素。首先，盈利水平与风险水平相匹配。高收益往往伴随高风险。金融机构的盈利水平应与其风险承受能力相匹配。盈利如果主要来源于高风险业务，即使利润很高，也不能为“合理回报”。相反，金融机构如果能够在控制风险的前提下实现稳定盈利，那么即使利润不高，也体现了其良好的风险管理能力和经营稳健性。其次，盈利来源的合法性和可持续性。金融机构的盈利应来源于合法合规的业务活动，而非通过违规操作、操纵市场等手段获取不正当利益。同时，盈利来源也应具备可持续性，能够长期稳定地为金融机构提供收益，而非昙花一现的短期暴利。最后，对实体经济的贡献程度。金融机构的最终目的是服务实体经济，其盈利也应来源于对实体经济的支持和贡献。对于实体经济贡献大的金融机构，即使盈利水平不高，也应给予积极的评价。

发展质量是衡量金融机构经营水平的重要指标，也是实现“合理回报”的关键。关注金融机构的长期可持续发展，而非短期盈利。一些金融机构为了追求短期盈利，可能会采取一些短期行为，如降低贷款标准、增加高风险投资等。这些行为虽然能够带来短期的高额利润，但也可能埋下风险隐患，影响金融机构的长期可持续发展。重视金融机构的合规经营和风险管理水平，合规经营和风险管理是金融机构稳健运行的基础。金融机构应建立健全风险管理体系，严格遵守监管规定，避免因违规操作或风险事件而遭受损失，影响盈利能力和发展质量。考虑金融机构的社会责任和对环境的影响，金融机构作为社会的重要组成部分，应积极履行社会责任，关注环境保护。例如，通过发展绿色金融和支持环保产业发展，减少对环境的负面影响。这些因素也应纳入对金融机构发展质量的评价体系中。

3. 构建科学的盈利性评价体系，引导金融机构实现可持续发展

对金融机构盈利性进行科学、合理的评价，有助于引导其稳健经营、提升服务水平，对金融业的健康发展具有重要意义。然而，当前一些金融机构的盈利性评价体系存在不足，如过度关注短期利润指标，忽视风险管理、社会责任和长期可持续发展等方面，这容易导致金融机构片面追求利润最大化，从而引发金融风险，偏离服务实体经济的根本宗旨。因此，构建科学的盈利性评价体系，引导金融机构实现可持续发展，已成为一项紧迫而重要的任务。

（1）评价体系应兼顾盈利性和发展质量

过去，一些评价体系过于侧重盈利性指标，导致金融机构片面追求利润，忽视风险管理和长期可持续发展。因此，现代金融机构评价指标体系

必须兼顾盈利性和发展质量，才能全面、客观地反映金融机构的真实经营状况。

盈利性作为单一评价标准会导致金融机构的行为出现偏差。单纯追求利润指标可能导致金融机构过度冒险，忽视风险管理。在利润最大化的驱动下，金融机构可能会倾向于从事高风险、高收益的业务，而忽视风险管理的重要性。例如，过度放贷、投资高风险资产等，这些行为虽然能够在短期内带来高额利润，但增加了金融风险，一旦风险爆发，将会给金融机构自身乃至整个金融体系带来巨大损失。

综合考虑盈利性、风险水平、发展质量等多个维度。为了全面、客观地评价金融机构的经营状况，需要构建一个多维度的评价指标体系，涵盖盈利性、风险水平、发展质量等多个方面。例如，除传统的盈利性指标之外，还应考虑风险指标、合规性指标以及服务实体经济的贡献指标等。

盈利性和发展质量是评价金融机构的两个重要维度，两者相辅相成，缺一不可。盈利性是基础，为金融机构的生存和发展提供物质保障。而发展质量则是保障，确保金融机构的盈利能力可持续，并使其能够更好地服务实体经济。盈利是金融机构生存和发展的基础，没有盈利，金融机构就无法维持正常运营，更无法持续发展。但是，只关注盈利性而忽视发展质量，无异于饮鸩止渴。发展质量差的金融机构，即使短期盈利较高，也难以长期持续，甚至可能面临巨大风险。

发展质量包括风险管理能力、合规经营水平、服务实体经济的贡献等。发展质量是一个涵盖多个方面的综合概念。它包括风险管理能力，如识别、评估、控制和化解风险的能力；合规经营水平，如遵守法律法规、监管规定以及行业自律规则的情况；服务实体经济的贡献，如对中小企业、“三农”等领域的信贷支持，以及对科技创新、绿色发展的金融支持等。

（2）评价体系应体现“穿越周期”的经营韧性

金融行业的发展与宏观经济周期密切相关。在经济繁荣时期，金融机构往往业务扩张迅速，盈利水平较高。而在经济衰退时期，金融机构则面临资产质量下降、盈利能力下滑等挑战。因此，评价金融机构的指标体系不应仅关注其在某个特定时期的表现，更要考察其“穿越周期”的经营韧性，即在经济周期波动中保持稳健经营的能力。

“穿越周期”保障金融机构在经济上行期和下行期都保持相对稳定的经营状况。金融机构在经济周期波动中保持稳健经营的能力意味着金融机构不仅在经济繁荣时期保持较高的盈利水平，更在经济衰退时期有效控制风险，避免遭受重创。这需要金融机构具备强大的风险管理能力、灵活的经营策略以及稳健的财务状况。避免在经济繁荣时期过度扩张，在经济衰退时期遭受重创。在经济繁荣时期，市场需求旺盛，金融机构容易盲目扩张，过度放贷或投资，从而积累风险。当经济进入衰退期时，这些风险就会暴露，导致金融机构遭受重大损失。因此，“穿越周期”要求金融机构在经济繁荣时期保持理性，审慎经营，避免过度扩张，为经济下行期做好准备。

“穿越周期”强调长期稳定盈利能力和风险抵御能力。金融机构应关注长期稳定盈利能力，而非短期波动。金融机构的盈利能力会受经济周期的影响，出现波动是正常的，评价指标体系不应过度关注短期盈利水平，而应更加关注长期稳定盈利能力。对于长期稳定盈利能力，可以考察金融机构过去几个经济周期的平均盈利水平、盈利增长的稳定性等指标。“穿越周期”的关键在于风险管理。评价指标体系应考察金融机构的风险抵御能力和抗压能力，如资本充足率、不良贷款率、流动性覆盖率等指标。这些指标能够反映金融机构在面对风险冲击时的稳健性。此外，可以通过压力测试等手段，评估金融机构在极端市场情况下的表现。

（3）评价体系应引导金融机构在服务实体经济中实现自身价值

金融是实体经济的血脉，金融机构的健康发展离不开实体经济的繁荣。引导金融机构在服务实体经济中实现自身价值，是防范金融风险、促进经济高质量发展的关键所在。

确立服务实体经济是金融机构的根本宗旨。金融机构的设立初衷是服务实体经济，为实体经济提供资金融通、支付结算、风险管理等服务，支持实体经济的发展。金融机构的盈利应来源于对实体经济的支持和服务。金融机构的盈利不应仅来源于金融市场内部的交易和投机活动，而应主要来源于为实体经济提供的服务。例如，通过为企业提供贷款、帮助企业进行融资、为居民提供理财和保险服务等，从中获取合理的回报。避免脱实向虚和过度追求金融市场自身的交易与投机。一些金融机构为了追求短期高额利润，可能会将过多的资金投入金融市场自身的交易和投机活动中，而忽视对实体经济的支持。这种“脱实向虚”的行为，不仅不利于实体经济的发展，还会增加金融风险，最终损害金融机构自身利益。

树立正确的盈利观是引导金融机构健康发展的关键所在。将服务实体经济放在首位，在推动高质量发展中获取合理的回报。金融机构应将服务实体经济作为自身的首要任务，积极支持实体经济的转型升级和高质量发展。在此过程中，金融机构也能够获得合理的回报，实现自身的可持续发展。避免片面追求利润最大化，损害实体经济利益。金融机构不应片面追求利润最大化，更不能为了追求自身利益而损害实体经济的利益。例如，通过不正当手段获取高额利润，或向实体经济收取过高的费用，最终都会损害实体经济的发展，进而影响金融机构自身的长期发展。

第五章

指标体系：
中国特色金融价值评价体系

本章通过构建以银行业为代表的指标评价体系，对中国特色金融价值评价体系起到示范性的标杆作用。一直以来，中国的金融体系以银行业为主导，根据中国人民银行数据，截至2023年底，中国银行业金融机构的总资产为417.29万亿元，占我国全部金融业机构总资产（461.09万亿元）的90.50%；除此之外，银行业还控股、参股了大量证券、保险公司，形成了我国金融体系的主导力量。因此，重构银行业的价值评价体系正是重塑中国特色金融价值评价体系的关键所在。

以银行业为例，中国特色金融价值评价体系包含功能性、专业性和盈利性3个一级指标、10个二级指标和32个三级指标，详见表5－1。各类指标的含义及测度方法在本章前三节进行详细论述。同时，本章将该体系与国际通行的ESG评价理念进行了比较，指出了该体系在推动金融功能性发挥中的优越性。此外，本章提出了评价结果在金融机构绩效考核、薪酬体系、人事任命等方面的具体应用建议，为金融高质量发展提供了科学依据和实践指引。

表 5-1 中国特色金融价值评价体系

编号	一级指标	编号	二级指标	编号	三级指标
一	功能性	1	服务国家重大战略	1	“五篇大文章”综合服务质效
				2	服务“新质生产力”发展质效
		2	服务社会经济薄弱环节	3	服务乡村振兴重点工作
				4	“卡脖子”领域金融服务总量
		3	社会价值创造	5	社会贡献度
				6	客户满意度
				7	员工满意度
				8	党委政府满意度
		4	助力金融生态建设	9	支持地方债务化解
				10	支持企业债务化解
				11	提升居民金融素养
		5	培育弘扬中国特色金融文化	12	中国特色金融文化认知度
				13	“五要五不”落实情况
二	专业性	6	公司治理能力	14	党的领导作用
				15	公司治理绩效
				16	社会舆情与声誉管理
		7	稳健经营	17	不良贷款率
				18	不良贷款拨备覆盖率
				19	资本充足率
				20	流动性比率
				21	杠杆率
		8	数字化能力建设	22	信息科技研发投入
				23	科技人员占比
				24	数字化交易占比
				25	信息科技专利数量
				26	网均智能化设备数量

续表

编号	一级指标	编号	二级指标	编号	三级指标
三	盈利性	9	发展质量	27	经济增加值
				28	人工成本利润率
				29	（国有）资本保值增值率
		10	经营绩效	30	净资产收益率
				31	税后利润
				32	股东分红比率

构建金融功能性评价指标

金融功能性评价指标是衡量金融机构在中国特色金融价值中作出积极贡献的核心维度。在现代金融体系中，金融机构不应仅被视为追求利润最大化的经济实体，更应承担起服务国家战略、推动社会经济协调发展以及创造广泛社会价值的重任。本节从服务国家重大战略、服务社会经济薄弱环节、社会价值创造、助力金融生态建设、培育弘扬中国特色金融文化5个方面对金融的功能性评价指标进行展开，深入探讨如何构建一套具有全面性和针对性的金融功能性评价指标体系，以引导金融机构回归服务实体经济的本源，切实发挥其在社会经济发展中的功能性作用。

1. 服务国家重大战略

服务国家重大战略是金融发挥社会经济资源配置作用的核心使命。在我国迈向现代化建设新征程中，国家重大战略规划明确了社会经济发展的关键方向和重点领域。金融机构作为资金融通、资源优化配置的枢纽，必须紧密围绕国家战略布局，精准对接战略实施中的金融需求。无论是关乎国计民生的基础设施建设项目，还是推动产业转型升级的科技创新投资，抑或促进区域协调发展的跨区域合作项目，金融机构对这些领域的资源投入和服务支持力度，直接关系到国家战略目标的实现进度。因此，构建服务国家重大战略的评价指标，能够有效衡量金融机构是否具备敏锐的战略眼光、高效的资源配置能力以及积极主动的服务意识，确保其在国家发展大局中找准定位，充分发挥金融服务实体经济的关键作用，为国家重大战略的顺利推进提供坚实的金融保障。其中，“五篇大文章”综合服务质效和服务“新质生产力”发展质效是当前金融服务国家重大战略的两大核心。

（1）“五篇大文章”综合服务质效

2023 年，中央金融工作会议指出要做好科技金融、绿色金融、普惠金融、养老金融、数字金融“五篇大文章”，对金融助力产业升级、促进资源优化配置、提升金融服务可得性与包容性、应对人口结构变化等方面提出了更为明确的要求。以银行业为例，“五篇大文章”综合服务质效可以通过某一银行机构在相关领域的综合投放总量进行测算。

· “五篇大文章”综合服务质效 = 普惠小微贷款余额（监管口径）+ 碳减排贷款 + 科技创新再贷款、设备更新改造专项再贷款 + 养老专项再贷款 + 其他（相关领域的票证投放规模）

（2）服务“新质生产力”发展质效

金融服务“新质生产力”发展质效对于加速创新要素集聚整合、推动前沿领域探索、引领新兴产业崛起壮大、促进经济结构优化升级、提升国家整体竞争力等方面均有积极意义，可以通过金融机构对科技型企业的资源投放规模进行测算。

·服务“新质生产力”发展质效 = 科创类企业各项贷款余额（含国家级高新技术企业、国家级科技型中小企业、专精特新、“小巨人”等）

2. 服务社会经济薄弱环节

服务社会经济薄弱环节是金融机构践行社会责任、促进经济均衡发展、弥补社会发展短板的重要体现。在经济社会结构中，中小企业、农村地区、贫困群体等薄弱环节往往面临着融资难、融资贵等问题，其中又以县域乡村等地的发展最为迫切，以国家发展的关键“短板”领域最为紧要。金融机构作为社会资源配置的重要力量，有责任和义务将金融服务延伸到这些薄弱领域，助力这些薄弱环节突破资金瓶颈，实现可持续发展。构建服务社会经济薄弱环节的评价指标，有助于引导金融机构关注社会公平与经济均衡发展，检验其在解决社会经济发展不平衡问题上的实际成效，推动社会整体经济结构优化升级，实现共同富裕的发展目标。

（1）服务乡村振兴重点工作

金融是乡村振兴的关键动力，它为乡村产业发展注入活力，保障农村基础设施与公共服务建设资金需求，是农民增收致富的有力推手，在巩固拓展脱贫攻坚成果、促进城乡融合发展、推动农业农村现代化及维护国家粮食安全等方面发挥着不可或缺的重要作用。该指标可以通过金融机构对县域地区、乡村振兴重点帮扶地区的资源投放规模进行测算。

·服务乡村振兴重点工作 = 涉农贷款余额 + 农村基础设施建设贷款余额 + 县域重点乡村振兴重点帮扶地区贷款余额

（2）“卡脖子”领域金融服务总量

金融是打破技术封锁、实现自主创新的必要助力。金融在服务我国

"卡脖子"领域中为科技创新提供资金，加速核心技术研发进程，助力企业攻克关键难题，是推动产业升级、提升国家核心竞争力、保障国家经济安全及实现可持续发展不可或缺的力量。该指标可以通过衡量金融机构对我国贸易受限主体、技术受限领域的资源投放进行衡量。

· "卡脖子"领域金融服务总量 = 贸易受限主体贷款余额（包括被纳入实体清单、未经验证清单、军方企业清单、军工复合体企业清单等主体）+技术受限领域贷款余额（美国、欧盟等出口管制产业）

3. 社会价值创造

社会价值创造是金融机构在追求经济效益之外，对社会整体福利提升作出的贡献。金融行业不仅是经济活动的参与者，更是社会稳定与发展的重要推动者。金融机构在运营过程中，通过创造就业机会、支持公益事业、推动绿色金融发展等多种方式，对社会产生广泛的影响。例如，为社会提供大量的就业岗位，吸纳各类人才，促进社会就业稳定；积极参与社会公益活动，回馈社会；加大对环保产业的金融支持，助力生态文明建设。构建社会价值创造的评价指标，能够全面衡量金融机构在经济活动之外的社会影响力，促使金融机构在追求自身发展的同时，更加注重社会价值的实现，实现经济效益与社会效益的有机统一，为构建和谐社会贡献积极力量。

（1）社会贡献度

社会贡献度是指金融机构对社会贡献总额与平均资产总额的比率。用于衡量金融机构运用全部资产为国家或社会创造价值的能力。

· 社会贡献度 =（社会贡献总额/平均资产总额）×100%

其中，社会贡献总额包括工资、劳保退休统筹及其他社会福利支出、利息支出净额、应交或已交的增值税、消费税、营业税、有关销售税金及附加、所得税及有关费用和净利润等。

（2）客户满意度

客户满意度是指金融机构客户服务中心座席系统和柜面服务满意度评价调查中“非常满意及满意”参评数总和占所有有效参评数的百分比。客户打热线或到现场办理业务之后，进行客户满意度调查，然后客户根据沟通的情况进行满意度评价，包括非常满意、满意、不满意。

· 客户满意度 =（评价“满意”和“非常满意”的客户数量/所有有效参评数）×100%

（3）员工满意度

员工满意度是衡量金融机构员工对工作环境、工作内容、管理方式等多种因素满意程度的指标，可以由相关的行业协会或监管部门进行问卷调研来获取相关数据。

· 员工满意度：问卷内容应涵盖工作的各个方面，如工作本身（工作内容的趣味性、挑战性等）、薪酬福利（工资、奖金、保险等）、职业发展（晋升机会、培训等）、工作环境（办公设施、工作氛围等）、上级管理（领导风格、沟通方式等）

（4）党委政府满意度

党委政府满意度是评价金融机构发挥资源配置作用的指标之一。就政府而言，金融机构是推动经济发展、维护金融稳定等工作的重要力量。金融机构为实体经济提供资金支持，助力政府重大项目建设。其风险防控能力关系区域金融环境安全，其政策传导能力和政府协同能力对于推动社会发展至关重要。因此，可以由监管部门牵头，通过定性和定量的问卷调研，对金融机构对地方重大基础设施、产业升级等项目的参与程度以及与地方党委、政府的协同程度进行综合评估，进而测算党委、政府对相应金融机构的满意度水平。

· 党委政府满意度：以问卷调研形式综合评估金融机构对地方重大基础设施、产业升级等项目的参与程度（如对交通、能源、城市建设等重大项目的融资支持）以及与地方党委、政府的协同程度（如参与政府金融工作会议的出席率、与政府部门联合开展项目活动的次数、对地方金融风险进行及时预警等）

4. 助力金融生态建设

助力金融生态建设是金融机构维护金融市场稳定、促进金融体系健康发展的重要责任。金融生态系统涵盖金融机构、金融市场、金融监管以及金融基础设施等多个要素，各要素之间相互依存、相互影响。金融机构作为金融生态的核心参与者，其行为和发展状况对整个金融生态环境具有重要影响。例如，金融机构通过加强同业合作、促进信息共享、参与市场基础设施建设等方式，能够提升金融市场的运行效率、增强市场透明度、降低交易成本，进而推动金融生态系统的良性循环。构建助力金融生态建设的评价指标，有助于引导金融机构树立大局意识，积极参与金融生态建设，营造良好的金融市场环境，共同防范金融风险，保障金融体系的稳定运行，实现金融行业的可持续发展。

（1）支持地方债务化解

金融机构在支持地方债务化解中发挥着缓解债务压力、优化债务结构降低偿债风险、凭借专业能力协助地方政府进行债务重组和资源整合等重要作用。金融机构支持地方债务化解的评价指标可以从资金支持力度、风险防控成效、创新金融工具运用、合作协同程度等方面进行设计。

· 支持地方债务化解：以问卷形式对相应金融机构在地方债务化解中的资金支持力度（如参与地方债务置换的资金规模、提供再融资资金的数额）、风险防控成效（地方债务逾期率的降低幅度）、创新金融工具运用（如开发债务平滑工具、资产证券化产品的情况）、合作协同程度（参与债务化解方案制定的深度）等方面进行综合评价

（2）支持企业债务化解

金融机构在支持企业债务化解中处于关键的资金支持者与方案推动者的地位，是企业摆脱债务困境、实现可持续发展的重要力量。在支持企业债务化解中，金融机构提供融资渠道缓解企业资金压力，运用专业能力优化债务结构降低风险，通过创新金融工具助力企业重组和资源整合。金融机构支持企业债务化解的评价指标可从资金支持力度、风险管控成效、创新服务能力、合作协同程度等方面进行设计。

· 支持企业债务化解：以问卷形式对金融机构在上市公司和规模以上企业等重点企业债务化解中的资金支持力度（如提供的债务重组贷款规模、延期还款金额）、风险管控成效（企业债务违约率降低幅度、风险预警准确性）、创新服务能力（开发的个性化债务化解方案数量）、合作协同程度（参与企业债务化解方案制定深度）等方面进行综合评价

（3）提升居民金融素养

金融机构在提升居民金融素养中处于知识传播者与服务引导者的地位，是帮助居民增强金融认知、提升理财能力、防范金融风险的专业力

量。在提升居民金融素养方面，金融机构通过开展金融知识普及活动提升居民金融认知水平，提供个性化金融服务引导居民合理理财，加强风险教育提高居民风险防范意识，相关评价指标可从知识普及力度、服务引导成效、风险教育成果等方面进行设计。

· 提升居民金融素养：以问卷形式对金融机构在促进金融知识普及（如举办金融知识讲座次数、发放宣传资料数量）、提升服务引导成效（居民对个性化金融服务的满意度）、增强风险教育成果（居民金融风险认知提升程度、风险事件减少比例）等方面进行综合评价

5. 培育弘扬中国特色金融文化

培育弘扬中国特色金融文化是金融机构在发展过程中传承文化基因、塑造行业形象的重要使命。中国特色金融文化融合了中华优秀传统文化、社会主义核心价值观以及现代金融理念，具有独特的内涵和价值。它涵盖诚信经营、服务社会、合规守纪、创新进取等多个方面。金融机构作为金融文化的重要载体，通过培育和弘扬这种特色文化，能够在内部形成统一的价值观念和行为准则，提升员工的职业道德素养和凝聚力。在外部，能够树立良好的企业形象，增强社会公信力和客户忠诚度。例如，倡导诚信文化有助于减少金融欺诈行为，营造健康的金融市场环境；强调服务社会文化能够促使金融机构更加积极地履行社会责任。构建培育弘扬中国特色金融文化的评价指标，旨在推动金融机构将文化建设融入日常经营管理中，传承和发展中国特色金融文化，为金融行业的可持续发展提供强大的精神动力和文化支撑。

（1）中国特色金融文化认知度

金融机构在提升中国特色金融文化认知度中承担实践引领和传播推广

的职责，是弘扬中国特色金融价值理念、增强金融文化自信的重要力量。在提升中国特色金融文化认知度方面，金融机构通过宣传教育活动普及中国特色金融文化内涵，以自身业务实践彰显中国特色金融文化特色，助力金融文化与经济社会发展的实际相融合。

· 中国特色金融文化认知度：从金融机构在中国特色金融文化宣传教育力度（开展特色金融文化宣传活动次数、受众覆盖范围及数量）、业务实践成效（金融机构信用评级评价、消费者权益保护评级、宏观审慎评估体系等）等方面进行评级

（2）“五要五不”落实情况

在落实“五要五不”中，金融机构是最直接的践行者与引领者。在落实“五要五不”中，金融机构应当诚实守信确保交易真实可靠，维护市场秩序；以义取利兼顾社会责任与经济效益；稳健审慎助力防控金融风险，保障金融体系稳定；守正创新推动金融服务实体经济升级，避免脱实向虚；依法合规保证金融活动在合法框架内进行。评价指标可从诚信经营表现、社会责任履行、合规性建设、金融文化与业务融合发展等方面进行设计。

· “五要五不”落实情况：从诚信经营表现（如信息披露真实性、客户投诉率）、社会责任履行（如支持小微企业占比、绿色金融业务规模）、合规性建设（如违规处罚次数）、金融文化与业务融合发展（推动金融文化与实体经济融合的项目数量、产生的经济社会效益，如诚信供应链金融示范项目、中小企业融资扶持公益项目、绿色金融与实体经济协同发展项目等）等方面进行综合评价

构建金融专业性评价指标

金融专业性评价指标的设立对于准确评估金融机构在中国特色金融环境下的运营能力和可持续发展潜力具有关键意义。在金融市场日益复杂多变、风险与机遇并存的背景下，金融机构必须具备卓越的公司治理能力，以确保决策的科学性和有效性；同时，稳健经营是其生存与发展的基石，直接关系金融体系的稳定；数字化能力建设是其提升金融服务和质量效率的关键。通过构建这 3 个方面的评价指标，能够深入剖析金融机构的内在专业性特质，为其在复杂金融环境中的稳健前行提供重要的衡量标准。

1. 公司治理能力

公司治理能力是金融机构实现稳健经营和可持续发展的基石。在现代企业制度框架下，公司治理涉及金融机构内部权力的分配、制衡以及决策机制的科学性。良好的公司治理结构能够确保股东权益得到有效保护，董事会发挥战略决策核心作用，监事会履行监督职责，管理层高效执行决策。对于金融机构，由于其经营活动具有高风险性和广泛的社会影响性，健全的公司治理能力尤为重要。它直接关系金融机构能否准确识别、评估和管理各类风险，合理制定战略规划，优化资源配置，以及保障金融服务的公平性和透明度。构建公司治理能力的评价指标，旨在深入剖析金融机构内部治理机制的有效性和合理性，促进金融机构建立健全现代企业制度，提高治理水平，增强市场信心，为金融机构在复杂多变的市场环境中稳健运营提供坚实的制度保障。

（1）党的领导作用

党的领导在金融机构中是一个以定性为主的综合性关键因素，难以直接用一个简单的计算方法来衡量，可以通过多维度的评估方式来综合体现。一是可以考察金融机构的党组织架构是否健全，包括党委、党支部等各级党组织的设置是否合理，分工是否明确。例如，商业银行应建立完善党委领导下的多级党组织体系，涵盖总行、分行、支行等各级机构。二是可以考察金融机构对“三重一大”的落实情况，包括“三重一大”制度的建设和完善以及决策流程的合规性、集体决策参与度、决策执行情况等。三是可以考察党组织活动开展的规范性和频率，如是否定期组织“三会一课”、党组织生活是否正常有序、党员参与度如何，可以通过查阅党组织活动记录、党员签到簿等资料来评估。四是可以考察党员队伍建设情况，包括党员发展工作是否积极、党员培训体系是否完善、党员的思想政治素质和业务能力提升情况，如金融机构是否有计划地培养和发展优秀员工入党、是否为党员提供各类专业培训和党性教育课程。

（2）公司治理绩效

公司治理是指商业银行以监督与激励为核心，通过结构调整和机制建立保证机构决策有效性和科学性的能力。该指标可以借助调查问卷进行多维度的综合评定。例如，可以考察金融机构的治理结构和运行机制，包括董事会结构及运作情况、监事会独立性与监督力度；可以考察金融机构的战略决策与执行，包括战略规划合理性、战略执行效果、绩效达成情况等；可以考察金融机构的内部控制有效性，包括财务控制、业务流程控制、授权审批控制、内部审计等方面；可以考察金融机构的信息披露及时性、准确性、完整性和透明度等；可以考察金融机构的经营计划执行能力，包括经营业绩与经营计划之间的一致性等。

（3）社会舆情与声誉管理

社会舆情与声誉管理直接关乎金融机构的声誉风险，并且存在引发信用风险、流动性风险等重大事项的潜在可能。该指标可以从舆情监测与分析和声誉评估两大方面进行综合测度。

在舆情监测与分析方面，一是可以利用专业舆情监测工具，覆盖新闻媒体、社交媒体平台、论坛社区等多个渠道，使用监测工具实时抓取主流媒体上关于金融机构的新闻报道、评论文章，以及社交媒体用户的讨论、点赞、转发等互动数据。二是可以设立人工监测团队进行监测，尤其是关注一些小众但可能具有影响力的渠道或特定领域的专业讨论平台。例如，针对金融行业政策解读类论坛，人工团队可以及时发现并收集与金融机构相关的深度分析和观点讨论，弥补监测工具可能存在的遗漏。

在声誉评估方面，一是可以根据监管机构评价来测度金融机构的声誉状况，综合了解监管机构对金融机构合规经营、风险管理、社会责任履行等方面的评价。例如，监管机构在年度监管评级中对金融机构的各项指标进行评估，评级结果可以在一定程度上反映监管机构对金融机构的认可程度。二是可以关注监管机构发布的相关通报、指导意见和处罚决定等文件，及时了解金融机构在监管方面存在的问题以及改进要求。良好的监管评价有助于提升金融机构的声誉，而受到监管处罚或频繁被监管机构关注并要求整改可能会对声誉造成严重损害。

在完成上述信息的收集后，可以通过计算正面及负面舆情率来评估金融机构在社会舆情与声誉管理方面的水平。具体计算如下：

· 正面（负面）舆情发生率：一定时期内公司正面（负面）舆情的数

量/公司相关舆情总数量

2. 稳健经营

稳健经营是金融机构应对市场不确定性、防范金融风险的必然要求。金融行业作为经济体系的血脉，其稳健经营直接关系整个经济社会的稳定与发展。基于专业性的稳健经营意味着金融机构在业务开展过程中，能够保持合理的资产负债结构，有效管理信用风险、市场风险、流动性风险等各类风险。例如，通过严格的信贷审批标准控制信用风险，运用风险对冲工具应对市场波动，确保充足的流动性储备以满足资金需求。同时，稳健经营要求金融机构具备较强的风险预警和应急处置能力，在面临内外部冲击时能够迅速作出反应，采取有效措施化解风险，避免风险的积累和扩散。构建稳健经营的评价指标，有助于全面评估金融机构在风险防控和经营稳定性方面的能力与表现，引导金融机构树立正确的风险观念，强化风险管理措施，确保金融机构在实现业务发展的同时，始终保持稳健的经营态势，维护金融市场的稳定与安全。

· 不良贷款率 =（不良贷款余额/各项贷款余额）×100%

不良贷款率是指金融机构不良贷款余额占各项贷款余额的比重，是衡量金融机构信贷资产质量和风险水平的重要专业性指标。

· 不良贷款拨备覆盖率 =（贷款减值准备金余额/不良贷款余额）×100%

不良贷款拨备覆盖率是指金融机构为应对可能出现的不良贷款损失而计提的准备金与不良贷款余额的比率，体现了金融机构对贷款损失的弥补能力和风险抵御能力。

· 资本充足率 =［（总资本 − 对应资本扣减项）/风险加权资产］×

100%；总资本包括核心一级资本、其他一级资本和二级资本；风险加权资产是根据资产的不同风险类别（如信用风险、市场风险、操作风险等）通过一定的风险权重计算得出的资产总额。

资本充足率用于衡量金融机构在存款人和债权人的资产遭受损失之前能以自有资本承担损失的程度，是保证银行等金融机构正常运营和发展所必需的资本比率。

· 流动性比率 =（流动性资产余额/流动性负债余额）×100%

流动性比率是金融机构在短期（通常是一个月）内能够变现的资产与短期内需要支付的负债之间的比率，用于衡量金融机构的短期偿债能力和流动性风险。

· 杠杆率 =（一级资本净额/调整后的表内外资产余额）×100%

杠杆率是指金融机构一级资本净额与调整后的表内外资产余额的比率，用于衡量金融机构的杠杆倍数，限制金融机构的杠杆过度扩张，控制金融体系的系统性风险。

3. 数字化能力建设

数字化能力建设是金融机构适应时代发展趋势、提升金融服务效率和质量的关键标志。在数字化浪潮席卷全球的今天，金融科技的迅猛发展深刻改变了金融服务的模式和生态。金融机构利用大数据、人工智能、区块链等先进技术，能够为客户提供更加便捷、高效、个性化的金融服务。从线上化的业务办理渠道，到智能化的客户服务系统，再到精准化的风险评估模型，数字化能力贯穿金融业务的各个环节。构建数字化能力建设的评价指标，旨在评估金融机构在数字化转型过程中的投入、产出表现，推动金融机构不断提升数字化水平，以更好地满足客户日益多样化的金融需求，增强其在数字经济时代的核心竞争力。

·信息科技研发投入 = 直接用于信息科技研发的资金总和

信息科技研发投入是指金融机构在信息技术研发方面的资金支出，包括软件研发、系统升级、新技术探索等方面的费用。主要涵盖内部研发人员的薪酬、研发设备购置和维护费用、软件授权费用、外部合作研发费用等，统计口径以一年为统计周期。

·科技人员占比 = （信息科技相关人员数量/金融机构总员工数量） ×100%

科技人员占比是指金融机构中从事信息科技相关工作的人员数量占总员工数量的比例，用于衡量金融机构在科技人才方面的投入力度。

·数字化交易占比 = （数字化渠道交易笔数/总交易笔数） ×100%

数字化交易占比是指金融机构通过数字化渠道（如网上银行、手机银行、电子支付平台等）完成的交易笔数占总交易笔数的比例，反映了金融机构数字化服务的普及程度和客户对数字化交易的接受程度。

·信息科技专利数量 = 金融机构在国家知识产权局（或其他专利管理机构）获得授权的信息科技专利件数

信息科技专利数量是指金融机构拥有的与信息科技相关的专利件数，包括发明专利、实用新型专利和外观设计专利，体现了金融机构在数字化金融科技领域的创新成果。

·网均智能化设备数量 = 智能化设备总数量/网点总数

网均智能化设备数量是指金融机构（通常是银行等有网点布局的金融机构）每个网点平均拥有的智能化设备数量，用于衡量金融机构网点的智能化水平。

构建金融盈利性评价指标

金融盈利性评价指标是衡量金融机构经营成果和财务可持续性的重要依据。金融机构作为市场经济中的参与者，追求合理的盈利是其生存与发展的必要条件。然而，盈利不应是唯一目的，而应在实现自身可持续发展的同时，与金融的功能性和专业性相协调。以下将围绕发展质量和经营绩效两个方面构建盈利性评价指标，旨在全面评估金融机构在获取利润过程中的合理性、效率性以及对长期发展的支撑能力，引导金融机构在追求盈利的道路上保持理性与平衡，实现经济效益与社会效益的有机统一。

1. 发展质量

发展质量是金融机构在盈利性追求中实现可持续增长和长期价值创造的关键要素。在金融市场竞争日益激烈、经济环境复杂多变的背景下，金融机构不能仅关注盈利规模的扩张，更应注重发展质量的提升。发展质量体现在多个维度，包括资本的有效利用效率、资产质量的优化程度、业务结构的合理性以及创新驱动发展的能力等。例如，较高的资本利用效率意味着金融机构能够以较少的资本投入获取更多的利润回报，反映了其资源配置的科学性；优质的资产质量能够降低金融机构面临的信用风险，确保盈利的稳定性；合理的业务结构有助于金融机构分散风险，拓展盈利渠道；持续的创新能力则是金融机构在不断变化的市场中保持竞争力、开拓新的盈利增长点的源泉。构建发展质量的评价指标，能够引导金融机构摒弃粗放式的发展模式，更加注重内涵式增长，通过提升核心竞争力和风险管理水平，实现盈利的可持续性和稳定性，为股东和社会创造更为持久与丰厚的价值。

· 经济增加值（EVA）＝风险调整后的净利润－经济资本成本

经济增加值是指企业扣除所有成本（包括债务成本和股权成本）后的剩余收益，是一个衡量企业真实经济利润的指标，考虑了权益资本的机会成本，能够更准确地反映企业为股东创造的价值。相比一般企业而言，金融机构经济增加值测算需要考虑特有的风险成本，并按照金融监管要求和会计准则进行谨慎处理。

· 人工成本利润率＝（利润总额/人员费用）×100%

人工成本利润率是一个衡量金融机构在一定时期内投入的人工成本与所获取的利润之间关系的财务指标。它反映了金融机构每投入一元人工成本所能获取的利润水平，体现了人力资源投入的经济效益。

· （国有）资本保值增值率＝［（年末国有资本±客观增减因素影响额）/年初国有资本］×100%

（国有）资本保值增值率是指以国有独资企业、国有控股金融机构为主的扣除客观因素后的年末国有资本同年初国有资本的比率，反映了国有资本的运营效益和安全状况。

2. 经营绩效

经营绩效是金融机构盈利能力和经营成果的直接体现。它是衡量金融机构在一定时期内经营管理水平和市场竞争力的重要综合指标。经营绩效涵盖金融机构的财务指标表现，如净资产收益率、净利润率、成本收入比等，这些指标直观地反映了金融机构在资金运用、成本控制和利润获取方面的能力。同时，经营绩效涉及金融机构的市场表现，如市场份额的增长、客户满意度的提升等，这些因素间接影响着金融机构的长期盈利能力。例如，较高的净资产收益率表明金融机构自有资本获取净收益的能力较强，资产运营效益良好；而不断增长的市场份额则意味着金融机构在市场竞争中具有较强的优势，能够吸引更多的客户和业务资源。构建经营绩效的评价指标，有助于全面、客观地评估金融机构的经营状况和盈利能力，为金融机构管理层提供决策依据，促使其优化经营策略，提高经营效率，实现盈利目标的最大化，同时为投资者和监管部门提供重要的参考信息，以便对金融机构的经营状况进行监督和评估。

· 净资产收益率 =（净利润/平均净资产）×100%

净资产收益率是净利润与平均净资产的比率，反映了股东权益的收益水平，从盈利性角度衡量了金融机构运用自有资本的效率。

· 税后利润 = 利润总额 − 所得税费用

税后利润是指金融机构在缴纳所得税后的剩余利润，它是金融机构经营成果的重要体现，也是可供金融机构分配或用于再投资的资金来源。

· 股东分红比率 =（当年分红总额/可供股东分配利润）×100%

股东分红比率是指金融机构用于分红的金额占可供股东分配利润的比例，反映了金融机构对股东的回报程度。这对上市金融机构而言是彰显投资者权益保护的重要指标，尤其对引导资本市场保护中小投资者利益具有良好的示范作用。

评价体系与 ESG 的比较及评述

为了更好地服务于中国式现代化建设，扭转盈利性过度的金融评价体系，本书在设计和构建中国特色金融价值评价体系时既吸收了以往 ESG 评价体系中在环境、社会和治理等方面的评价经验，又在服务中国式现代化发展、强化金融功能性定位等方面作出了符合中国特色金融发展要求的创新和改进。国际现行 ESG 理念根植于特定的社会文化基础与宗教伦理背景，其评价标准主要基于欧美发达国家的状况和原则，与当前我国金融发展的内在要求及其所处时代的外在要求存在一定偏离。从评价体系的出处来看，ESG 评级由 MSCI、晨星、富时罗素等具有较强国际影响力的国外机构主导。近年来，国内的商道融绿、嘉实基金、华证、万得等国内公司也做了积极探索，这些第三方机构基于不同的出发点，运用多样化的逻辑思路开展 ESG 评价，用直观的评价结果反映了各类企业传统财务指标之外的表现。

从价值导向来看，ESG 评价体系将履行社会责任认定为一种实现经济价值的有效途径，本质上仍为投资和利益所驱动。而现阶段国际公认的投资原则以西方提出的责任投资原则、ESG 投资原则为主，都建立于西方经济金融学理论范畴及其衍生出的治理实践，虽然具有一定的社会价值治理共性，但也具有不可忽略的西方特性，是资本市场主体价值观的体现，与中国本土价值观尤其是中国特色金融的定位、站位耦合度不高。

走好中国特色金融发展之路，需要中国特色金融治理体系的支撑，要对现行西方金融价值评价体系兼收并蓄、扬长避短，走出中国特色，探索出一套更符合我国国情、内涵更丰富、更场景化的中国特色金融价值评价体系。在此背景下，尤其是针对当前面临的金融问题，本书提出重塑以功能性为主导的金融价值评价体系，把金融践行政治性、人民性作为金融治理的本质要求，建立功能性、盈利性和专业性融合统一的金融评价标准，让金融在服务经济社会时，把“善”的基因嵌入金融机构服务国家重大战略和重大项目中，如制造强国、科技强国、碳达峰碳中和、乡村振兴、共同富裕、“五篇大文章”等，以及金融机构对服务对象的筛选中，让金融的“善”在金融服务实体过程中得到延伸，真正实现中国金融治理由“以金融论金融”走向“以社会论金融”。

具体来看，与西方 ESG 治理体系相比，以功能性为主导的中国特色金融价值评价体系更贴合中国特色金融发展的需要、更关注服务国家发展战略的定位、更有利于金融与实体关系的系统性平衡、更侧重金融社会价值发挥的主动性。

1. 更贴合中国特色金融发展的需要

ESG 对金融的评价主要从环境、社会、公司治理 3 个维度展开。从金融风险治理角度来看，ESG 缺乏对金融机构全面且有针对性的风险评估架构，没有从整体视角考虑金融体系内各部分的相互作用。在金融与实体的关系方面，ESG 更多地关注企业个体层面的社会和环境因素，对金融如何服务实体经济缺乏系统评价。在社会价值评价方面，金融机构的社会价值履行停留于普惠绿色等号召性层面而被虚化，导致金融机构盈利性过强的问题比较突出。

中国特色金融价值评价体系采用“三分法”来重塑金融机构的价值评价：一是作为牌照机构依托的是国家资源，建立一套金融机构服务功能评价体系；二是作为投资主体依托的是股东投入，建立一套可持续性规模效益评价体系；三是作为风险管理机构，必须专业监管，建立一套风险评价体系。在这个体系中，以功能性价值评价为主，兼顾盈利性，坚守专业性，让金融的功能性落到实处，让金融机构实现长期可持续发展，推动中国特色金融发展之路全面开启。

2. 更关注服务国家发展战略的定位

ESG评价体系主要基于国际通用的标准和框架，在评价中国企业时未充分考虑适应我国经济社会发展的特定因素，导致评价结果不够准确和全面。而中国特色金融价值评价体系以承担金融“国之大者”的使命担当为立足点，以满足人民对美好生活的向往为出发点，以落实“八个坚持”为基本遵循，更贴合中国式现代化的本质。在中国特色金融价值评价体系中，坚持将金融的政治性、人民性融入经营发展理念中，从金融为实现中国式现代化提供高质量金融服务角度展开评价，如做好科技金融、绿色金融、普惠金融、养老金融、数字金融“五篇大文章”，确保金融资源合理流向实体经济的关键领域和薄弱环节，支持强国建设、推动共同富裕、助力乡村振兴等国家战略。

此外，中国特色金融价值评价体系更关注金融的普惠性和可及性，不断增进民生福祉，让现代化建设成果更多更公平地惠及全体人民。在过去传统金融评价体系导向下，许多市场主体被排斥在金融服务之外，无法享受基本的金融服务。这种排斥现象不仅加剧了贫富分化，制约了经济发展和社会进步，也导致对国家战略的支持力度不够。重塑后的新的中国特色金融价值评价体系提升了金融的定位站位，打破了这种排斥现象，让金融服务惠及更广泛的群体，利用金融向善的力量，还原了金融服务实体经济的本质。

3. 更有利于金融与实体关系的系统性平衡

在ESG评价体系中，对于金融机构社会职能的评价更多地从外部视角衡量企业对环境和社会的影响，本质上还是将金融机构作为独立于社会经济以外的“对立企业”看待，因此，在引导金融服务实体经济、降低实体经济风险传导至金融领域这一环节上不够完善。中国特色金融价值评价体系通过正确处理“金融与实体关系”“经济价值与社会价值关系”“股东利益与牌照责任关系”，从金融机构的公司治理过渡到金融与实体平衡的社会治理，更好地处理金融与实体的关系，实现个体理性到集体理性的突破。

一方面，从金融机构的个体治理走向金融与社会的集体治理。中国特色金融价值评价体系不是仅关注金融机构自身的治理，而是强调以客户为中心，用金融的理念、金融的工具，通过金融的资源配置功能和放大功能撬动金融要素向社会最需要、最薄弱的环节流动。在这个过程中，以实现社会整体价值最大化为核心，激发各类群体的内在向善力量，共同推进、同向同行，将单一类型的个体治理升级为社会各界群体的自发参与和治理，推动社会资本和财富向“善”的方向流动，从个体理性到集体理性，从而更有效地解决社会问题，实现社会整体价值最大化。

另一方面，从分散的风险管理走向社会整体风险管理。中国特色金融价值评价体系基于金融整体风险观，统筹协调各金融要素。它不仅关注微观层面的风险点，更注重宏观层面风险的积累和释放，使其在治理社会整体风险、保障金融稳定方面具有独特优势，超越了ESG相对分散的评价视角。此外，中国特色金融价值评价体系对金融风险的把控从传统标准化的信用风险计量，转化为综合性的社会诚信考量，并把社会价值注入企业日常经营中，走出单纯地以抵质押物多少对客户进行评判的窠臼，建立以“善”为重要标准的金融风险管理，引导授信资源向“善”的客户倾斜，放大善的主体和行为，陪伴正向正行的客户成长，打造整体社会生态向善，让金融的社会价值过渡到客户向善，以及社会整体向善，是金融社会价值的进一步延伸。

4. 更侧重金融社会价值发挥的主动性

ESG 评价体系虽然也强调企业社会责任的履行，但在一些情况下可能会被部分企业视为一种额外的负担，而不是将其与自身的核心业务紧密结合。这导致 ESG 对企业的引导作用可能更多地体现在外部压力上，而金融机构在主动适应和积极推动方面的动力相对不足。

在中国特色金融价值评价体系中，金融不仅是经济发展的手段，更是社会治理的手段，是社会文明的标志。这一理念强调金融服务的公共属性，强调以功能性为主导，将金融视为推动社会进步和可持续发展的重要力量，有助于引导金融机构在支持经济社会发展中合理追求利润，更多关注社会的公平、正义和可持续发展，如积极支持贫困地区的经济发展、加强对弱势群体的金融服务等，让金融的社会价值更贴合中国式现代化发展的本质核心，实现金融经济价值和社会价值的有效平衡。

评价体系的相关应用建议

中国特色金融价值评价体系事关中国金融发展的定位导向，涉及中国金融的价值观和意识形态，建议由中央金融委员会作为相关工作牵头推进的主体，从而形成以中央金融委员会主抓金融功能性、中国人民银行及国家金融监督管理总局主抓专业性、财政部及相关出资人主抓盈利性的多元化评价体系格局。

1. 评价体系的推进主体

中国特色金融价值评价体系不仅是一种技术性工具，更承载了中国金融发展的价值观和意识形态。因此，其推进主体需要具备高权威性和系统协调能力，建议由中央金融委员会牵头推进，体现党中央对金融工作的集中统一领导。

在具体分工上：

（1）中央金融委员会：主抓金融功能性指标，重点考察金融机构对服务国家重大战略和社会经济薄弱环节的贡献。例如，绿色金融、乡村振兴、支持科技创新等，确保金融机构聚焦服务实体经济的根本任务。

（2）中国人民银行及国家金融监督管理总局：主抓金融专业性指标，涵盖风险防控、稳健经营和数字化建设等内容，确保金融机构在复杂市场中具备运营能力与抗风险能力。

（3）财政部及相关出资人：主抓盈利性指标，关注资本回报、盈利质量和国有资产保值增值，指导金融机构实现可持续的盈利目标，为国家财政贡献稳定收入来源。

2. 评价体系的适用范围

评价体系的适用范围应以国有金融机构为核心，尤其是国有商业银行。主要有以下几方面原因：

其一，国有金融机构的战略重要性。国有金融机构承担着执行国家金融政策、支持经济发展的核心任务，其行为与绩效直接影响金融体系的稳定性和国家经济社会的运行质量。评价体系聚焦国有金融机构，能够以其为示范，逐步推广到更广泛的金融机构。

其二，国有商业银行的主导地位。截至2023年底，中国银行业总资产占金融机构总资产的90%以上，而国有商业银行是银行业的核心。因此，优先适用评价体系于国有商业银行，能够以点带面地推动整个金融体系的价值回归，强化其服务实体经济和社会发展的能力。

其三，渐进式扩展机制。在国有商业银行成熟实施评价体系后，可以在不断完善的过程中逐步扩展到政策性金融机构和非银金融机构等，最终覆盖中国整个金融行业，形成系统性的评价框架。

3. 评价结果的应用建议

评价体系的结果运用需要与金融机构的激励约束机制紧密结合，确保结果发挥“指挥棒”作用。

一是与高管薪酬挂钩。根据评价结果，调整高管薪酬水平。比如，金融功能性评价高的机构，其高管在薪酬分配中应获得更多激励，以反映对国家战略支持的重视；而盈利性过度依赖短期高风险业务的机构，其高管薪酬应受到约束，通过提高递延比例、延长递延周期等方式，防止过度逐利行为。

二是与工资总额挂钩。评价结果可用于确定金融机构的工资总额调控幅度。功能性和专业性表现优秀的机构，其工资总额可适度增加，吸引和留住人才；相反，对存在风险积累或绩效较差的机构，应限制工资总额增长，强化约束力。

三是与领导班子的考核和任命挂钩。评价结果应成为领导班子绩效考核的重要依据。例如，功能性指标表现优异的机构，其管理团队可在轮岗、晋升中获得优先考虑；而在社会责任履行、风险管理中失分的领导班子，应在考核中受到相应的问责。

第六章

实践范式：“浙银善标”的应用建构

金融的社会价值不仅体现在为经济社会发展提供高质量服务，也需要通过支持正向正行的市场主体放大社会价值。浙商银行立足金融功能性第一性，围绕以客户为中心、服务实体经济的初心本源，持续推进善本金融理论和实践创新，其中一项重要的探索是把社会价值评价注入金融风险的管控中，在授信评审体系中提出“浙银善标”客户评价体系，以守正向善为重要标准，从家庭评价、行业评价、所在地评价等多维度量化客户“善分”，通过匹配“帮善不帮恶”的差异化服务机制，引导金融供给向善的对象、善的领域、善的行为倾斜，支持更多正向正行的市场主体获得更多金融资源，去创造更多社会价值，以此突破资本无序扩张背后的“价值迷失”，营造“金融本善向善”与“客户崇善扬善”同向同行的发展生态，推动金融的正向放大效应转化为社会善治效能。

社会价值视角下“崇善扬善”的客户评价体系

一段时期以来，资本无序扩张的背后是金融帮扶了一些“恶”的行为，陷入“价值迷失困境”，引发经济金融风险。想要摆脱这种金融趋利的价值捆绑和“以金融论金融”的路径依赖，一方面，金融要做放大正向社会效应的推进器，把“善”的基因嵌入金融服务的场景中，构建以客户为中心的“抑恶扬善”的评价体系；另一方面，金融风险看似出在资产质量上，但从长远来看，最大的风险不在资产而在持有主体的人品，即便风险出在社会价值评价高的客户上，对于整个社会来说，也是一种贡献。基于这两个方面认知，浙商银行在业内率先推出“浙银善标”体系，以善为本，将社会价值评价与信用风险计量挂钩，推动授信风控逻辑从重抵押担保的“当铺”模式向全过程陪伴式转变，强化服务正向正行主体、服务实体经济、服务重点领域和薄弱环节的金融功能性。

1. “浙银善标”是以善本原则导正金融放大效应的有益探索

金融作为资源配置的工具，其本身属性是中性的，但金融服务的对象有善恶，尤其是金融先天具有放大效应，服务“善”的主体就是放大了正的能量，服务“恶”的主体就是放大了社会危害。在西方，金融资本经过长期的异化、虚化和腐化，逐步脱离服务实体经济的本源，暴露明显的垄断性、掠夺性，陷入自我服务、自我循环、自我膨胀的怪圈，成为主导甚至操控实体经济的手段，催生善恶不分、乱象丛生的“华尔街现象”，不仅造成沟壑难平的贫富差距，而且屡屡引发经济金融危机。资本无序扩张的背后是金融服务的立场出现了偏差，忽略了善恶之分的判断，混淆了价值和利益的界限，帮扶了一些“恶”的行为。因此，金融必须确立起善本原则，做放大正向社会效应的推进器，赋能“善”的客群、矫正金融资源的投向、规范金融专业工具的应用。

“浙银善标”的推出，是把“善”的基因嵌入金融服务对象的筛选逻辑中，构建“抑恶扬善”的评价体系，基于对客户行为动机“善恶”、社会影响“善恶”等方面的评判，真正把“善分”高的客户发掘出来，加大金融服务力度，给予让利优惠支持，把“善分”低的对象筛除，加大业务管控力度，限制甚至取消服务。通过精准引导金融资源向“善”的主体、“善”的领域、“善”的行为倾斜，以金融机构个体之“本善”，带动服务对象“向善”，推而广之实现全社会“共善”，从而形成激励正外部性的金融助善机制，促进社会价值实现帕累托改进，发挥积极的社会治理效能。

2. “浙银善标”是将社会价值评价注入金融风险管控的模式创新

社会价值是金融得以产生和发展的重要基础，只顾经济价值、不顾社会价值的金融发展模式极易重蹈西方金融的“价值迷失”覆辙。金融的社会价值不仅体现在为经济社会发展提供高质量服务，作为经营风险的行业，金融也要通过支持“善的主体”，在放大正向社会效应的同时有效管控风险。资产质量只是衡量金融风险的表层逻辑，从长远来看，最大的风险不在资产而在人品。口碑好的人，值得帮助，也最容易成就；口碑不好的人，必须限制，看似挣到快钱却不可持续，最容易形成风险。因此，相比资产质量，市场主体的人品特别是衡量人品高低的社会价值评价对于金融风险的管控更为重要。长期以来，金融风险缓释主要依赖抵质押物和融资担保等第二还款来源，且对第一还款来源即客户本身信用风险的判断也集中于资产负债规模、利润营收等经济财务指标，忽视了人品作为信用本源的作用。

“浙银善标”体系将信用风险计量与社会价值评价相挂钩，以“守正向善”为重要标准，从客户家庭评价、行业评价、所在地评价等维度确定口碑“善分”，有效弥补了只以传统信用评级衡量客户信用风险水平的不足，实现对金融服务对象经济价值评价和社会价值评价的综合考量，与伴随善标客户全生命周期做好动态风险防控形成合力，推动金融风险把控逻辑向以客户口碑为基础、以社会价值评价为核心的全过程陪伴式转变。可以说，一个金融机构的风险如果出在口碑好、“善分”高的客户身上，对整个社会来说，也是一种贡献，因为社会价值评价高的客户通过积极承担社会责任、弘扬利他精神，对经济社会发展具有显著的正外部性，即便出现风险，也会在“善行善举”的社会贡献中被消纳，实现回报和损失的动态平衡。

3. “浙银善标”是以“功能性为第一性”推动金融服务变革的有效途径

用哲学上的第一性、第二性概念解剖金融定位，第一性是根源，具有先天性，显然金融的第一性是功能性；第二性是派生，具有后发性，而金融的第二性才是盈利性。“两性”错位形成了“只可同富贵、难以共患难”的金融服务惯性，对财务表现较好或抵押担保充足的企业抢着服务甚至过度服务，出现了大量无效、低效供给；而对很多处于成长期的企业，尤其是量大面广的小微企业，缺乏主流金融服务，其面临融资难题；且当企业出现风险苗头时，金融机构容易趋向“雨天收伞”而不是“雪中送炭”。坚持金融功能性为第一性不仅指向了金融评价的社会价值视角，回应了诸多金融问题的症结，还决定了当前金融服务范式变革的逻辑。

“浙银善标”体系的构建与应用走出单纯以抵押担保式的“当铺”金融去服务客户的窠臼，将社会价值评价作为关键要素纳入授信考量，对正向正行的市场主体放宽准入门槛，围绕客户需求主动提供专业化、特色化服务，并通过在评价导向中引入金融工作的政治性、人民性要求，持续引导金融资源供给有效投向高质量发展的重点领域和薄弱环节。一方面，以践行政治性为引领，聚焦国家大政方针、战略举措和重点任务，在善标正向评价标准中，纳入服务国家战略、服务中心大局、服务实体经济、服务现代产业体系等情形的认定，通过支持"与国同行"的市场主体，加强对先进制造、科技创新、绿色发展、新质生产力等重点领域的金融服务；另一方面，以践行人民性为支撑，聚焦发挥普惠性、保障性功能，在善标正向评价标准中，纳入参与公益事业和慈善活动、创造就业岗位、从事民生保障、服务乡村振兴和共同富裕等情形的认定，通过陪伴"与民共进"的市场主体发展成长，进而惠及小微企业、农民、城镇低收入人群、贫困人群、残疾人、老年人等弱势群体。

"浙银善标"评价体系的建构逻辑

如何评判"善"的客户？在中国传统价值观中，"善"的崇尚、追求与实践是人道之本，具象化表现为有益于他人和社会的思想与行为，诸子百家皆推崇"为善、行善、向善"文化，造就了中华民族"善"的基因。"浙银善标"从中华优秀传统文化中汲取智慧，响应"重塑金融定位，关键在于改变金融价值评价"的时代命题，以客户为中心，以社会价值为主线，提炼萃取"善"的正向标准和"不善"的负面清单，形成"维度—标准—情形"三级逐层递进的评价体系，并按照不同类型客群的属性特征，有针对性地设置评价方案，具体分为适用于公司客户、金融机构客户、小企业客户的"法人版"和适用于零售客户、个人经营者客户的"个人版”，总体呈现适用范围广、评判维度全、可操作性强等鲜明特征，其评价导向表现在以下三个方面。

1. 突出社会价值，明确“善”的评价标准

“浙银善标”“法人版”评价方案围绕“大局担当”“环境保护”“社会责任”“机构治理”四大维度，制定了 20 项细分正向标准。其中，“大局担当”维度突出服务国家重大战略和重大项目的评价导向，主要聚焦客户在落实制造强国、科技强国、乡村振兴、共同富裕等国家战略或参与国计民生改善项目方面的贡献；“环境保护”维度重点关注客户为保护环境付诸的努力，包括生产经营中节能减排、高效利用资源和保护自然生物多样性以及积极应对气候变化等；“社会责任”维度主要考察客户在创造就业、缴纳税收方面的贡献，对员工合法权益、产品质量和知识产权的重视程度，以及在推动产业链发展、助力慈善公益事业中发挥的积极作用；“机构治理”维度聚焦治理架构的完善性、股权结构的清晰性、经营作风的稳健性、财务管理的规范性、社会评价的正面性等方面展开评价。

“个人版”评价方案围绕“守善性扬正德”“闻善道术专攻”“呈善果树典范”三大维度，制定了 12 项细分正向标准。其中，“善性”着重衡量个人的内在道德品质和价值观，包括诚实守信、正义善良、勤劳进取等核心品质以及在公序良俗、家庭关系、社会形象等方面的表现；“善道”侧重关注个人专业领域成就，正面情形覆盖了非物质文化遗产传承人、德艺双馨的文艺领域人士以及维护人民生命财产安全、为人民提供基础服务保障的从业人员等群体；“善果”主要评估个人行为对社会产生的积极影响，正面情形囊括了热心公益慈善人士、地市级以上获表彰人士、高层次人才等群体。

2. 引入反向评价，制定“不善”的负面清单

“浙银善标”负面清单围绕“负面情形”“触碰红线”两大维度展开。“法人版”评价方案下设 13 条“负面情形”标准和 13 条“触碰红线”标准，并对民营法人实控人和小企业主设置评价标准。其中，“负面情形”包括环保要求不达标、生产低劣产品、安全生产意识弱、偷漏税或纳税异常、经营激进或脱离主业、存在不良征信记录、机构治理混乱、员工保障不到位、财务报告披露不及时或被出具“保留意见”等。“触碰红线”情况包括危害国家安全或社会稳定、生产经营涉及黄赌毒黑或严重破坏生态环境、安全生产事故频发、主营产品或技术工艺属于国家政策规定淘汰类或禁止类、被列入失信被执行人等黑名单、存在财务造假或财务报告被出具“否定”意见等。“个人版”评价方案下设 5 条“负面情形”标准和 11 条“触碰红线”标准。其中，“负面情形”包括个人征信记录较差、大额资产非正常转移、社会评价负面、列入监管部门发布的关注名单、从事不符合国家政策导向的行业或工作等，“触碰红线”情况包括违法乱纪、逃废债、恶意欺诈骗贷、被列为失信被执行人等。

3. 推进精准分级，量化客户“善”的等级

“浙银善标”体系通过赋分方式落地运用，正负向标准各设置不同分值，符合正向标准加分赋能，触发负面情形减分降维，触碰红线一票否决，正负双向评分合计形成“善标”评分，根据评分从高到低依次形成善标一级、二级、三级、四级客户等级，民营法人实控人、小企业主的负面评价结果作为调整项影响法人客户善标评级。具体来看，对不同类型客户群体的评分细则和等级认定有一定差别。公司和金融机构客户“善标”评

分通过“企业基准分+企业正向标准加分－企业负面情形扣分－民营企业实控人负面情形扣分”计算，善标一级客户须不涉及负面清单中任一情形且未触碰红线，若触碰企业或民营企业实控人红线任一情形即认定为善标四级客户；零售客户“善标”评分通过“正向标准加分－负面情形扣分”计算，善标一级客户需满足负面情形少于4条且未触碰红线，若触碰红线任一情形即认定为善标四级客户；小企业客户与个人经营者客户“善标”评分通过正向标准得分逐项相加计算，若触碰小企业或小企业主、个人经营者负面清单中任一情形即认定为善标四级客户。

“浙银善标”评价体系的应用场景

近年来，浙商银行持续深化善本金融实践，从推动服务对象为善的向度探索创新，积极打造“浙银善标”评价体系，经过内部审慎研讨与多轮论证，于2023年8月正式发布1.0版，并在清华五道口全球金融论坛等权威会议和金融时报等主流媒体上介绍相关经验案例。2024年，“浙银善标”迭代升级至2.0版，评价精准性与应用覆盖面进一步提升，通过守正创新执行路径和保障措施两大机制，“浙银善标”已有机融入客群建设、授信审批、风险管控、产品服务等经营场景，促进善本金融真正从价值取向到实践落地。

1. 聚焦“善”的客户画像，强化数智赋能

为提高“善”的客户可识别度，依托大数据、信息技术等工具，开发善标评价系统，明确客户信息参数字段，梳理整合内外部数据引用渠道，

形成信息数据库，通过细化评价情形，最大限度地实现善标信息的智能抓取和系统自动导入，缩小人工采集范围，降低人工采集频次，提升信息采集的及时性、便利性和精准性，并通过植入不同类型客户的善标评价规则，实现自动测算善标评分、生成善标等级并将其纳入客户管理系统，提高客户善标认定效率。

2. 聚焦"善"的客户建设，优化客群结构

秉持"选择'善'的客户是最有效的风险防控"的理念，以社会责任优良、口碑形象正面、潜在成长空间大的客群为重点拓展方向，主动优化客群结构，积极拓展善标一级和二级客户，加大授信政策和金融服务支持力度，审慎介入善标三级客户，严禁新增并逐步压退存量善标四级客户，提升"善"的客群占比，形成"客户社会责任意识强—金融资源倾斜力度大—企业经营和个人发展加快—金融资产越发稳健"的良性循环，以客群质量提升带动资产质量优化，夯实银行稳健审慎经营之基。

3. 聚焦"善"的授信导向，实施差异化信贷策略

善标等级认定结果成为评审指引和日常评判项目的重要考量维度，作为刚性前置条件纳入调查审查评判审批授信全流程，并充当关键调整项影响着客户的信用评级，进而依此实施差异化的准入标准、授信尺度及评审规则。对于善标一级客户，公司及金融机构客户可向上推翻信用评级、上调房地产抵押率上限等，小企业客户和个人经营者客户可获得优先审批、续贷便利、适度利率优惠、增额支持等，零售客户可享受绿色通道、优惠费率、"浙银善卡"权益、定制产品服务等。对于善标二级客户，执行现行授信政策与评审尺度标准。对于善标三级客户，同等条件下从严把控授

信准入，尤其是公司及金融机构客户应向下推翻信用评级。对于善标四级客户，不予准入新增授信，有序压降存量授信。

4. 聚焦“善”的风险阈值，提高风险容忍度

一方面，对于善标一级客户，适度提高风险容忍度，不盲目抽贷断贷，而是通过下调利率、展期或续贷等方式集中开展风险化解，因客观原因出险的业务，对已勤勉履职且不存在道德风险和操作风险的相关人员，视情况减轻或免予追究责任。另一方面，将客户善标评价与分层分类风险管理相结合，融入风险信号规则设计，在大数据风控系统预警规则中引入善标负面清单情形，当客户触发负面清单时及时发出预警信号，同时加强对“非善”客户的动态监测管控，特别是对于授信存续期间调整为善标四级的客户，应及时纳入监测并实施名单制管控。

5. 聚焦“善”的纾困举措，提供综合金融服务

立足于稳经济、稳就业、保民生的立场，对具有核心技术和市场前景、就业拉动强、税收贡献大但面临阶段性流动性困难的善标一级客户，分析客户陷入困境的真实原因，坚持精准识别、分类施策，提供针对性纾困服务，包括放宽业务准入、加大评审支持力度、优化投放条件等，并发挥金融顾问专业优势，为纾困客户提供“家庭医生式”的定制化综合金融服务，同舟共济陪伴客户成长，放大“善”的社会价值。

“浙银善标”体系从理论研究到实践探索，已历经数载。从实际情况来看，无论是在授信准入还是在风险处置的实践中，“善”的客户与“不善”的客户的表现客观上存在较大差异。下阶段，浙商银行将持续深化“浙银善标”在经营场景中的应用，着力提升善标体系评价能力和善标客

户服务能力，重点加大对正向正行的个体工商户、小微企业的服务力度，根据善标得分给予一定的信用授信额度，推动授信逻辑从重抵押担保的模式向以"信用＋社会价值评价"为主的模式转变，用善标择优善客，用金融力量为善行赋能，推动社会治理向社会善治演进。

"浙银善标"评价体系的实践案例

1. 保障信贷资源：善本活水，助力苔藓产业绿色共富

丽水市润生苔藓科技有限公司是一家专业从事苔藓生产销售的企业，该企业实控人从2012年便开始投身苔藓植物应用与开发行业，当时在国内苔藓产业尚是空白领域。苔藓对生长环境要求苛刻，人工种植难度大，在国外长期被应用于生态修复、空气净化、药用开发等前沿领域，是不折不扣的"技术流"。

从小做起，厚积薄发，开辟新赛道。该企业从苔藓微观景观产品起步，之后逐步推出标准化产品和利用苔藓做空气净化，慢慢地业务扩展至市政园林、矿山治理、城市屋顶绿化等。随着业务的拓展，企业面对的苔藓需求量也大幅增加，而国内苔藓野外盗采严重，有些苔藓品种甚至已被列入濒危植物。该企业逐渐意识到人工栽培是必经之路，并在这一新赛道上不断探索。

立足乡村，统包统购，走出一条共赢的苔藓经济之路。该企业最终把产业布局到了"青山绿水"间。丽水某乡村由于年轻人常年外出打工，村中只剩留守老人，劳动力匮乏，产业发展非常困难，但环境好、雨水足，

非常适合苔藓种植，政府希望能利用苔藓产业带动村子富裕起来，与该企业一拍即合，小小的“苔藓经济”就此在丽水山间蔓延开来。由企业提供种苗、药剂和技术培训，村民完成拔草、施肥、打药等轻体力活，生产出的苔藓由该企业统一回购，这种模式不仅让该公司拥有了梦寐以求的人工栽培基地，也让当地百姓得到了真正的实惠，一位上了年纪的村民介绍说：“以前石板路上、灰白墙上的苔藓，没想到今天也成了我们吃饭的家伙，年纪大了出门打工也不方便，现在足不出户、地里种些苔藓，就能挣到钱，还锻炼了身体。”该地区苔藓产业规模越做越大，现在村集体收入已经破百万元，明显的经济社会效应也带动周边其他乡村效仿参与，目前企业已和周边 4 个乡镇达成合作，带动众多村民一起致富。美丽的山间仍旧绿意动人，而萧条的村庄却不同往日地热闹起来，这正是“苔藓经济”的魅力。

好企业，好模式，也有“缺钱的烦恼”。一片片“苔藓田”增添了绿色，成为当地经济发展的“香饽饽”，但是规模扩张之际的捉襟见肘也如期而至。随着业务规模的扩大，企业需要更多资金投入产品研发和基地扩建，逐渐出现日常经营资金缺口，尽管企业有技术、有市场，但企业缺少抵押物，融资存在困难。

“浙银善标”带来金融活水，为“苔藓经济”发展披荆斩棘。该企业作为致力于绿色低碳和乡村振兴事业的企业，“浙银善标”体系在授信政策上有所倾斜，通过为客户设计针对性授信方案，结合企业技术特点，探索开展知识产权质押贷款，同时开辟绿色通道，短短一周即完成现场调查、审批、放款，该企业顺利获得贷款资金，切实解决了融资难题。有了资金支持后，该企业苔藓种植业务规模得以扩大，现已拥有 1200 亩的苔藓基地，2025 年预计扩张到 2000 亩，可以帮助更多村民实现创收。

企业实控人表示，“由于行业空白、门槛高，缺乏前人指路，只能自己摸索，创业过程存在许多困难，许多同行选择了挣钱更快的赛道，但社会需要有一些人实实在在去做一些事情”。企业实控人在苔藓行业深耕十几年，做产品创新，做产学研，做乡镇合作，希望能为我国生态建设、乡村振兴出一份力。“浙银善标”的金融支持让为社会作出贡献的小微企业得到认可，增强了前行的信心。

2. 提供信用贷款：温情浙商，“奶奶工坊”助力再就业

杭州莲谊农业开发有限公司是一家专门从事莲子产品培育生产的企业。莲子美味，但很难保存，因此，以往仅在南方地区有食用新鲜莲子的习惯。该企业实控人深度钻研果莲种植技术，经过持续进行技术迭代，率先在保鲜技术上实现了突破，培育种植的“水果莲子”没有泛苦的莲心，鲜嫩爽脆，口感清甜。为把技术商用化，让更多人品尝到新鲜的“水果莲子”，实控人在杭州市临平区某村镇成立企业，在当地招工从事剥莲子工作，最初只计划招30人，但招工信息贴出后来了四五十位奶奶，都是当地的留守老人。面对奶奶们的踊跃报名，实控人不忍心拒绝这份热情，于是“奶奶工坊”就这样建了起来。在剥莲子车间，奶奶们唠家常，欢声笑语为莲子更添了几分“甜度”。奶奶们的工期为三至四个月，这期间的工资已足够覆盖一整年的生活开支。目前“奶奶工坊”可以提供160多个工作岗位，帮助当地村民增加收入。

随着业务的发展，企业知名度逐渐提高，获得了与国内知名头部生鲜渠道长期合作的机会。但由于新鲜莲子需要依靠大量人工加工生产，加之公司刚刚起步仅有一条生产线，批量生产能力受到限制，无法负荷大笔订单。为突破瓶颈，企业决定在封包等生产链的后端环节增加机器设备以提

高效率。但该企业没有可抵押的资产，现有厂房为租用，仅有个别银行同意给予一定额度的信用授信，但利率相对较高。“浙银善标”将“善”作为评审指引的重要考量维度，支持好项目、好企业、好老板“三好客户”。了解“奶奶工坊”情况后，浙商银行主动联系该企业，实地走访了千亩荷塘，考虑该企业虽缺乏抵押物且融资时效要求高，但该企业将“善”融入经营骨血中，支持老年人等弱势群体再就业，促进共同富裕，体现了大局担当和社会责任，符合“浙银善标”体系“善”的授信导向，为其定制了高效快速、免抵押物的信用贷款授信方案，几天内企业所需资金顺利落地，同时浙商银行为企业提供金融顾问咨询服务陪伴助力“奶奶工厂”持续运转。

顺利融资后，该企业进一步扩大生产规模，荷塘承包面积增至 1600 亩，并新增一条生产线，日均水果莲子供应量超 1 万盒；同时，“奶奶工坊”工人数量进一步扩充，推动了当地留守老人再就业。“有了‘浙银善标’的差异化支持和浙商银行金融顾问的指导帮助，相信未来我可以把水果莲子卖到更远的地方。”企业实控人说。

3. 定制纾困服务：善行天下，风雨同舟助力扶贫扶弱

峨眉山金威利运动用品有限公司成立于 2007 年，位于秀甲天下的四川峨眉山脚下，是一家集研发与制造于一体的现代化制鞋企业，17 年来一直在从事“善”的道路上，积极响应国家脱贫攻坚号召，扎根大山，奉献企业力量。该企业开辟了残疾人针车专线，并创新设立“扶贫家工坊”，为残疾人提供居家灵活就业。同时，在四川凉山彝族自治州美姑县巴普镇、觉洛乡和峨曲古乡 3 个偏远贫困乡镇招聘了彝族同胞，为他们提供难得的工作岗位；在乐山市对口帮扶的凉山彝族自治州美姑县，成立了美姑乐美

扶贫工厂，承接了600余名彝族人员易地搬迁，解决了6000多人的就业问题，其中包括国有企业下岗工人、残疾人员、贫困户等1000余人，带动乐山市各区县20家配套企业发展。

积善成德，国家不会忘记任何一个有社会担当的企业。企业由于积极履行社会责任，全力支持扶贫扶弱事业，无私回馈国家和社会，荣获人社部和国务院扶贫办颁发的"全国就业扶贫基地"示范单位称号。公司董事长荣获"全国助残先进个人"称号。

从2014年起，浙商银行就一直陪伴该企业成长，走进"善行"的世界，走进"善企"的内心，助其发展壮大。企业存在美元结汇的需求，浙商银行给予企业相应额度的出口数据贷；随着企业慢慢成长起来，浙商银行为其配套了资产池、票据池等产品，很好地解决了企业上游供应商货款小额分散、账期不一等问题，也在美元结算方面提供了高效专业的服务。随着下游客户越来越多，企业既要保证完成订单，又要保证现金流充足，出现资金缺口，浙商银行为其及时授信增额，支持企业进一步扩大经营规模。

2023年全球经济低迷，出口订单量下滑，同时企业面临着转型，资金周转压力极大，其他银行基本保持观望态度，企业融资渠道明显收窄。"浙银善标"体系构建的主要目的是发现并帮助对社会有积极贡献、向善的企业。该企业主动承担扶贫、助残的社会责任，为当地提供了大量的就业机会，发挥了正向的社会引导作用，正是"浙银善标"体系需要积极支持的"善"的客户。患难见真情，长伴现真心，虽然企业面临较大经营压力，但是浙商银行未抽贷断贷，且在贷款利率、结汇点差方面给了更多优惠，不仅解决了企业的燃眉之急，而且带动了其他观望中的同业对该企业给予融资支持，帮助企业安全渡过难关。企业实控人表示对于"善"的经营理念，企业与浙商银行的理解是一致且相通的，经过长期风雨同舟的陪伴，真切感受到浙商银行对扎扎实实服务社会企业的信任和支持，后续将建立更加紧密的合作关系，共拓新业务、共谋新发展，共同推进社会正行向善。

4. 上调抵押上限：正向正行，支持志愿服务温暖人间

浙北大厦集团有限公司创立于 1987 年，目前是某地级市标志性商厦，旗下拥有近 140 家门店，涉足百货、商超、家电、酒店住宿、租赁等多个领域，具有较高的区域知名度。作为当地零售业领军者，浙北大厦集团有限公司不仅拥有广泛顾客基础和良好品牌声誉，而且积极承担社会责任，做“善”的力行者。

该企业成立了所在城市首个以企业集团为单位的志愿者联合会分会，旗下 13 支志愿者队伍踏遍三县三区，常态化开展小家电维修进社区，让居民足不出户享受“送上门”的贴心服务。同时，在当地赛事期间开展志愿服务活动，清扫垃圾、维护现场秩序，为拉动赛事经济、夜间经济作出贡献；在汛期组织开设水上流动超市，提供特惠生活用品，方便船民生活起居。

然而，面对电商行业的迅猛发展，传统零售业经营挑战加大，该企业希望通过优化融资结构实现降本增效。获悉企业诉求后，浙商银行第一时间进行营销对接，在了解了企业的运营模式和贸易背景后，立即设计适合企业的定制化金融服务方案，为企业开启授信审批的绿色通道；并在“浙银善标”评价体系的支持下，结合企业积极回馈社会、承担社会责任的善行善举，浙商银行认定该企业为善标一级客户，获得抵押率上调的优惠政策，融资结构得以优化，经营压力得到缓解，践行善行善举动力进一步加强。

5. "浙银善标"与善本信托联动：携手扬善，酿的是酱酒暖的是人心

贵州民族酒业（集团）有限公司是一家酱香型白酒生产企业，践行"坚守工艺、创新发展、诚信经营、厚德载物"的企业宗旨，在发展过程中一直坚持社会责任和企业发展是相互成就的理念，在优待军人、扶贫助学、关爱困难群众等方面持续传递向善的能量。

该企业实为退役军人创办，积极参与拥军活动。企业大多数岗位按照"退役军人优先、现役军人的家属优先"原则进行招聘，并先后投资设立了多个经营实体，专为退役军人量身定制白酒创新创业途径。作为中国退役军人就业创业服务促进会会员单位，该企业为广大退役军人提供解决就业、展示自我、实现个人价值的创业平台，荣获中国退役军人就业创业服务促进会颁发的实训基地认证。

该企业始终不忘反哺地方，多次举办"金秋助学""爱心送考"等公益活动，发放助学金助力超过20名品学兼优但家庭经济困难的学生，鼓励他们勇敢追求梦想，同时传递感恩与回馈社会的价值观，引导同学们不懈奋斗，将来有能力时反哺社会。该企业也关注困难家庭福祉，针对因重大疾病陷入经济困境的家庭，组织爱心捐款活动，多次筹集资金帮助困难家庭解决了治疗费用的燃眉之急。

该企业的善行善举与"浙银善标"支持正向正行企业的理念相契合，该企业被认定为善标一级客户，获得信贷资源倾斜，授信额度进一步提高。其间，总行专家、分行业务部门通过实地走访企业，在沟通业务方案的同时宣导浙商银行"善本金融"理念和"善本信托"特色品牌，从企业发挥慈善第三次分配作用出发，进一步为企业量身定制慈善信托方案，通

过信托模式帮助企业对慈善资金的运用、监管予以规范和提升。

经过多次沟通，该企业充分认可浙商银行“善本金融”理念和信托产品设计方案，并于2024年7月发起设立善本信托“浙金－民族慈善信托”并成功备案。该笔慈善信托由该企业作为委托人，浙商金汇信托股份有限公司作为受托人，信托初始规模为10万元，将用于委托人所在地的教育帮扶、急难救助等慈善活动，以保障困难群众生活，促进社会公平正义，让困难群众共享改革发展成果。

第七章

未来展望：金融强国推进高质量发展

金融的发展始终与时代的需要紧密相连。对金融定位的校准与价值重塑，不仅是一次对金融体系内部运行逻辑的重要变革，还是一次提振高质量发展前进动力的必要创举。在数字化浪潮中，金融作为经济和社会发展的核心枢纽，在推动资源配置、服务经济发展、促进社会公平和文化繁荣等方面的作用必将持续凸显。

随着金融功能定位的全面重塑，金融自身的发展将与构建更加高效、包容和创新的社会经济体系产生更为紧密的链接。在此过程中，金融行业不断提升自身在风险管理、资本配置、服务效率等方面的能力，通过技术创新和金融产品的多样化，更好地服务于经济转型、产业升级、社会公平和生态文明建设。在金融强国的发展之路上，金融业必将展现出引领之姿，在促进经济增长、推动社会公平、支持绿色转型、激发科技创新等方面发挥更加积极的作用，为高质量发展和中国式现代化建设增添力量。

校准金融定位，加快金融强国建设

通过金融体系的定位校准和价值评价重塑可以强化金融的普惠性、保障性和精准性功能，这既为实现金融强国目标提供了关键抓手，也为这一目标的实现路径提供了理论与实践范式。金融强国是一个国家实现现代化的重要标志和目标，要实现这一目标就必须建立与之相应的评价体系来确立金融发展的基点。在评价体系的引导下，金融机构通过普惠性功能的扩大、保障性功能的优化和资源配置精准性的提升，不断提升竞争力和创造力，必将推动中国金融在时代变局中的继续壮大，为社会经济发展提供有力支持。

1. 普惠功能体系日趋完善，共同富裕基础持续夯实

普惠性既是彰显金融功能的重要特征，也是金融强国建设的必然要求，它体现了金融在促进社会公平、推动共同富裕方面的关键作用。在数字化变局和金融定位变局之中，普惠金融能力必将不断提升。可以预见，金融机构将持续创新金融产品和服务，扩大金融服务的覆盖面，特别是通过数字化手段解决低收入群体和中小企业融资难题，从而有效缩小社会阶层和区域之间的金融服务差距。同时，政策支持、制度保障和市场机制的结合，也将进一步促使普惠金融在国家发展中发挥作用。依靠全方位、多层次的金融服务体系，金融强国建设势必确保经济增长与社会公平同步推进，为共同富裕的实现提供坚实的金融基础。

数字化时代，金融的普惠性功能在服务效率和覆盖范围等方面不断获得提升。借助数字化手段，普惠金融体系将更为深入地扩大服务覆盖面，为偏远和不发达地区提供更高效、更便捷的金融支持。超越移动支付、线上信贷、电子钱包的数字金融工具将使农村居民、低收入群体和小微企业能够更加便捷地获取金融服务，进一步降低金融服务的门槛和成本。同时，基于大数据的风控技术帮助金融机构在缺乏信用记录的情况下评估借

款人风险，不断脱离依赖抵押物的传统信贷模式，解决普惠金融中的信息不对称问题，确保金融资源能向真正需要扶持的社会经济微观领域渗透。

更为发达的金融普惠性必将推动金融产品服务创新更好地满足不同群体的需求。在政策与技术的支撑下，普惠金融体系的功能发挥将进一步在产品创新层面实现突破，以满足多样化的社会需求。金融机构积极开发符合各类群体尤其是弱势群体实际需求的金融产品，以期扩大服务的广度和深度。仅就眼下而言，金融机构可以更好地发挥普惠功能，不断针对农户推出农业生产贷款、农产品保险等产品，为其提供生产资金支持和风险保障；针对中小微企业，推出创业贷款、贴现票据等融资工具，帮助其拓展业务规模。未来，随着不断地因地制宜和产品创新，普惠金融必将有效满足各类客户的多元化需求，提升金融资源的可获得性和使用效率，为推动全社会的共同富裕奠定基础。

普惠金融体系的不断完善，将为教育、医疗、养老等基本民生服务注入金融活力，使更多低收入家庭能够享受更高质量的公共服务，进一步缩小社会差距。金融机构通过支持教育贷款、医疗保险、养老保障产品等方式，帮助低收入家庭解决子女教育、健康医疗和养老保障问题，减轻其生活负担。这不仅改善了个体家庭的生活水平，也推动了社会整体的生活质量提升，逐步实现共同富裕。

普惠金融的推进有助于在全社会范围内提升金融素养，促进金融知识的普及。金融机构和政府共同开展金融教育项目，通过培训和宣传提升公众的金融知识水平，使更多人能够理性使用金融产品，合理管理个人和家庭财务。这种金融素养的提升既能增强社会各阶层的经济参与度，又能促进社会的公平与和谐，满足了长期视角下金融发展和社会进步的内在需求。

通过政策支持、技术创新、产品多样化和教育普及，中国特色普惠金融体系为社会公平奠定了重要的金融基础。随着普惠金融的不断深入发展，金融资源将更加公平地惠及社会各个阶层，逐步实现共同富裕的愿景，推动中国经济社会的全面进步。未来的普惠金融体系将进一步优化资源分配格局，助力社会公平与共同富裕目标的全面实现。

2. 金融保障功能显著强化，支撑体系更加稳固

金融的功能性体现在多个方面，而保障性因其起到的社会民生兜底作用，无疑处于关键位置。金融的保障性功能泛指金融体系通过为经济主体提供稳定的资金支持、风险防控手段以及流动性保障，保障社会经济的稳定运行。这一功能不仅是对资金流动的管理，更是对宏观经济、社会民生乃至国际金融体系的稳定支撑。通过建立以功能性为主导的金融价值评价体系，能够从更全面的视角提升金融保障性，确保金融体系能够在复杂多变的经济环境中持续发挥作用。

从微观层面来看，评价体系指引下的保障性提升将促使金融机构通过提供更为多样化的金融服务，更好地发挥在经济活动中的风险分担和保障作用。例如，金融机构为民众提供更加安全可靠的资金存储场所，更好地保障居民财富的安全，使其能够实现资产的保值增值；金融机构也将更好地为企业和个人提供必要的资金支持，助力实体经济的发展，无论是企业的生产经营活动，还是个人的消费、创业等需求，金融的保障性支持都如同及时雨，通过设计有针对性的金融产品和政策工具，金融机构为弱势群体、偏远地区和特定产业提供区域性应急信贷、农户专项贷款和地方基础设施支持资金等专门支持；以保险为代表的金融机构通过风险分散机制，为个人和企业在面临各种意外和风险时提供经济补偿，减轻损失，增强经

济主体应对风险的能力。

从宏观层面来看，更好的金融保障性有助于维持金融市场的稳定。在经济面临波动或危机时，金融体系能够凭借其保障性职能对冲风险，防止风险的过度蔓延。例如，银行等金融机构将进一步增强保障能力建设，更有效地应对各类突发情况，如经济危机或自然灾害等，通过提供流动性支持，稳定市场信心，避免金融体系的崩溃。这种稳定的金融市场环境是金融功能性得以有效发挥的基础，只有市场稳定，金融资源才能实现合理配置，金融服务实体经济的目标才能得以实现。在中国特色金融价值评价体系的引导下，金融行业不仅在风险防范和应急能力方面将有所加强，在金融体系的整体稳健性上也必将得到大幅提升。金融机构通过提高资本充足率、优化流动性管理和构建系统性的风险预警机制，确保金融体系在面对经济波动和突发事件时能够稳定运行，为国家经济的长期稳定发展提供了坚实的支撑，使金融体系成为社会经济发展的“稳定器”。

在评价体系的指引下，金融保障功能的强化不仅代表金融行业内部能力的全面提升，还意味着金融体系在整体发展中迈向更高水平。随着金融保障功能的不断优化，金融行业将更加从容地应对各种挑战，为金融强国建设和中国式现代化的实现奠定坚实基础。

3. 资源配置精准高效，发展动力显著增强

精准性是金融强国建设的标志性特征，金融资源的高效配置是推动高质量发展的核心动力。在中国特色金融价值评价体系的指导下，金融机构通过优化资源配置，推动资金流向关键领域和创新产业。特别是在绿色经济、高端制造业和科技创新等领域，金融体系通过创新金融产品和政策工具，为其提供了强有力的资金支持。数字技术的应用进一步提升了资源配

置的精准性和效率，使金融资源能够更加快速、更加灵活地满足国家发展战略需求，促进经济结构优化和产业升级。

进入新发展阶段以来，我国经济社会发展从高增速发展进入高质量发展，这意味着金融行业不仅要关注新增资源的投入，还要注重巨大的存量资源结构优化，进而充分发挥金融资源配置的精准性和有效性。这种策略从更为全面的视角服务于整体经济社会的高质量发展目标，支持产业升级和结构优化。金融机构通过重组不良资产、盘活闲置资本、提升资产利用率等方式，最大化地发挥现有资源的效用。例如，针对不良资产，金融机构通过资产证券化、债转股等手段进行更为有效的重组与转化，使这些原本低效的资源重新进入市场，发挥其金融支持作用。通过此类盘活措施，金融机构不仅减少了资源浪费，也提升了金融体系的整体健康水平，进一步增强了经济系统的稳定性。

此外，金融功能的精准性提升也将与政府监管的政策指引产生更好的协同。政府和监管机构通过推出支持存量资源再利用的政策指引，引导金融机构在不良资产处置、存量资本重组等方面大胆创新，促进资源的高效流动。例如，再贷款政策、资本充足率激励措施等都为金融机构更灵活地处置存量资产提供了支持。同时，金融机构以更好的精准性，围绕政策目标聚焦国家战略领域，如科技创新、绿色发展等，为这些领域提供更多盘活资源的支持。发挥政策引导和金融机构精准资源配置的协同作用，确保资源精准流向社会最需要的地方，让金融的社会价值得到进一步放大。

在数字化浪潮的推动下，金融科技在提升存量资源的利用效率方面也将发挥更大作用。大数据、人工智能、区块链等技术帮助金融机构更精准地分析存量资产的风险和收益，为资源配置提供科学依据。例如，大数据分析能够识别高潜力资产和可优化资产，通过精细化管理实现风险控制和收益最大化。区块链技术则可以为存量资产的交易和转让提供透明、安全的平台，减少交易摩擦，加快资源流转速度。数字化手段不仅提升存量资源的管理效率，也在实际操作中降低成本，为金融机构创造更大的操作空间。

盘活存量资源对推动产业转型升级起到积极推动作用。金融机构通过资产的重新配置，使资源更好地流向国家优先发展的战略领域，如制造业升级、绿色经济和新基建等。在支持新兴产业发展的同时，金融机构也关注传统产业的改造升级，利用存量资源为其提供资金支持和优化方案，推动整个经济结构的优化调整。在盘活过程中，金融体系得以更加精准、有效地服务于经济高质量发展，为国家整体竞争力的提升奠定坚实基础。

除了有利于外部产业升级，金融功能的精准性发挥还能通过盘活存量资源优化金融机构自身的资产负债结构，增强自我发展能力。通过提高存量资源的利用效率，金融机构能够在确保资产安全性和流动性的同时，实现经营效益的提升。这种稳健的资产管理既能降低金融系统的潜在风险，也能提高金融机构对资源的调配和应急处置能力，确保在各类经济周期和市场环境中保持韧性。

优化增量资源和盘活存量资源是中国特色金融价值评价体系下发挥金融精准性功能的重要方面。相信在政策支持、数字技术应用和创新管理手段的加持下，金融体系能够最大化现有资源的价值，从而更精准地服务于经济结构调整和高质量发展需求。未来，通过不断提升存量资源的配置效率，金融体系将更加灵活、高效地应对各类市场变化，为推动经济社会高质量发展提供源源不断的动力。

以金融之力擘画高质量发展新征程

金融强国建设是推动我国高质量发展的核心驱动。党的二十大明确，高质量发展是全面建设社会主义现代化国家的首要任务，这为优化金融服务、充分发挥金融功能性指明了方向。金融体系不仅是资金的提供者，还是推动技术创新、产业升级的“加速器”，更是优化资源配置和促进社会公平的必要保障。在中国特色金融价值评价体系的引导下，金融机构逐步精准定位其功能角色，通过优化资源配置、推动科技创新、促进绿色转型和支持社会公平，加快金融强国的能力建设。在此过程中，金融机构通过精准的金融服务和创新产品，推动经济结构的优化升级，提升产业竞争力，促进社会的公平与可持续发展，为高质量发展的目标达成提供支撑。

随着金融强国建设的深入落实，金融体系不再局限于单纯的盈利目标，而将更注重服务以“五篇大文章”为代表的重点领域，对战略性新兴产业、高端制造业、绿色经济等领域形成精准支持，推动产业结构的转型升级。同时，金融体系为科技创新提供资金保障，推动技术突破和新兴产业的兴起，助力国家实现创新驱动发展战略。此外，金融机构通过绿色金融、碳交易市场等工具，引导资金向绿色转型领域流动，助力国家实现碳达峰碳中和目标。在社会层面，普惠金融和社会责任投资等金融产品推动社会公平的实现，缩小贫富差距，促进共同富裕。

通过金融强国建设，金融体系的功能性必然得以全面提升，不仅能更好地支持经济增长，还将推动社会和文化的共同繁荣，成为中国式现代化的关键推动力。

1. 资源配置精准高效，产业结构持续升级

高质量发展的一个显著特点是产业结构的转型升级。供给侧结构性改革是经济工作的主线，也是金融服务的重点。金融强国建设通过优化资源配置，推动资本流向战略性新兴产业、先进制造业和绿色经济等领域，从而加速经济结构的优化和升级。在中国特色金融价值评价体系的指引下，金融机构将更好地兼顾增量资源投入和存量资源优化利用，确保资本流向具有长期发展潜力的领域。

产业结构优化既是金融业自身的内在需求，又是金融功能在实体经济中必须更好发挥的定位要求。就金融自身而言，金融业要理顺间接融资与直接融资、股权融资与债权融资的关系，优化金融体系结构，完善金融基础设施，提高金融服务质量和效率，引导金融业发展同经济社会发展相协调。就金融的功能发挥而言，要以金融体系结构调整优化为重点，优化融资结构和金融机构体系、市场体系、产品体系，为实体经济发展提供更高质量、更有效率的金融服务。金融机构通过加大对先进制造业、科技创新、绿色经济等领域的支持力度，必然推动经济结构从传统资源密集型产业向低碳、环保和技术密集型产业的转型。例如，绿色金融的快速发展使金融机构能够向环保、清洁能源、节能减排等产业倾斜资金，通过绿色债券、绿色信贷等金融产品，金融资源得以高效地配置到符合可持续发展目标的项目和产业中。精准的资源配置有助于产业的转型升级，也能推动社会向绿色低碳经济转型。

金融强国以其强大的资源配置能力，能够高效引导资本流向战略性新兴产业和高技术领域，助力传统产业的改造升级和新兴产业的蓬勃发展，推动经济发展迈向价值链高端。这也必将为产业结构转型升级提供有力支

持，为提升我国产业综合创新能力、迈向更高水平的现代化经济体系奠定坚实基础。

2. 聚集科技创新资源，高质量发展动力涌现

科技创新是引领高质量发展的强劲动力，而服务科技创新、写好“科技金融”大文章是金融功能性发挥的关键所在。在中国特色金融价值评价体系的引导下，金融体系不断加大对创新型企业和科研机构的资金投入，提供包括风险投资、创新型贷款、科技创新基金等在内的多样化的金融支持，助力科技成果的研发、转化和产业化。

金融资源的精准聚集促进科技创新领域的蓬勃发展，特别是高新技术企业、研发机构和战略性技术领域的发展将得到更好的支持。知识产权质押贷款、股权投资等创新金融产品为科技企业解决融资难题，使它们能够持续进行技术研发和创新活动。通过这些金融支持，创新型企业能够保持稳定的资金来源，并加速科技成果的转化。金融体系还通过推动科技型企业的资本市场融资，提升其市场竞争力。资本市场的不断开放为我国科技创新型企业提供更广阔的融资渠道。比如，科创板的设立便为科技创新型企业提供更直接的资本市场融资平台，加速科技企业的成长，推动产业结构升级和创新驱动型发展模式的实现。金融机构通过支持先进制造业、智能制造、新能源等产业领域的技术创新，助力传统产业在数字化、智能化、绿色化方面实现突破。金融的支持使这些产业能够更好地应对现代化经济体系建设中的新挑战，提升国家整体的产业竞争力。

金融在科技创新领域的深度参与，推动技术突破和产业化进程，为中国经济注入持续的创新动力。在金融的支持下，科技创新将加快企业技术更新换代，进一步促进社会全要素生产率的大幅提升，为高质量发展所必

要的强大技术驱动提供助力。

3. 加速绿色转型发展，生态文明建设不断成熟

绿色发展是高质量发展的底色，金融体系在推动绿色转型和生态文明建设方面具有不可或缺的作用，发展绿色金融是推动经济社会发展绿色化、低碳化的必要保障。金融强国建设通过绿色金融产品和服务，将要素禀赋引导至环保、节能、清洁能源等绿色产业，为经济社会的绿色转型和生态文明建设提供必要的金融支持。

在金融强国推进高质量发展过程中，金融体系凭借绿色金融工具发挥着至关重要的作用。党的十八大以来，“绿色发展”被纳入国家发展战略，绿色金融进入快速发展阶段，产品和服务创新不断涌现，绿色贷款余额和绿色债券市场余额位于世界前列。绿色债券、绿色信贷、绿色基金等创新金融工具精准引导资金流向低碳、节能、清洁能源等环保领域，既为环保产业提供了不可或缺的资金支持，有力推动了能源结构的优化以及清洁能源技术的研发，又促使金融资源有效注入环保产业、可再生能源项目和绿色基础设施建设，从而实现社会经济发展与环境保护目标的协同共进。绿色金融政策引导资金流向环保、节能、可再生能源等领域，达成经济与生态的双赢局面，为中国实现碳达峰碳中和目标和生态文明建设注入强大动力，并且通过绿色债券等工具的发行，为我国实现碳达峰碳中和目标提供资金支撑，推动社会和经济迈向可持续发展道路。同时，金融体系的绿色转型积极带动产业升级，推动能源、制造、交通等传统产业向低碳化、智能化方向转型升级，金融机构在其中的积极作为，使中国经济在全球绿色竞争中获得有力支撑，彰显出金融在绿色发展领域的关键价值和积极影响力。

通过绿色金融发展，金融强国建设不仅推动国家的绿色发展战略和生态文明建设目标的实现，也为全球经济提供可持续发展路径。金融体系在促进绿色转型、推动低碳经济、实现碳达峰碳中和目标方面的作用将不断加强，为我国未来社会经济高质量发展提供强大的绿色动力。随着金融功能性的提升，绿色金融必将更好地融入高质量发展，不断在绿色发展的运行标准规范、创新能力提升、激励机制完善、治理合作加强等方面发挥积极作用，引导政府、金融机构、企业等形成强大合力，协同推动绿色转型的高质量发展。

4. 切实助力共同富裕，推动社会价值升维

党的二十大报告明确了中国式现代化的本质要求，“实现全体人民共同富裕”是其中关键之一，而这一目标必须在高质量发展的道路中才能实现。从缩小地区差距、城乡差距到收入差距，金融业能够通过多维度的创新实践，为共同富裕提供强有力的支撑。通过普惠金融和精准扶贫等举措，金融强国建设推动资源公平分配，缩小社会阶层和区域之间的差距。特别是在中小微企业融资、农村金融、偏远贫困地区支持等方面，金融体系将能有效地解决融资难题，更好地推动社会包容性增长，助力共同富裕实现。

金融强国建设对共同富裕的支持体现在对区域协调发展的支持上。通过完善金融服务网络、优化资源配置机制，金融体系能够更好地服务国家重大区域发展战略，实现金融社会价值的升维。例如，在推进数字化改革和绿色低碳发展中，金融充分发挥了产品创新的作用，率先在经济发达地区打造了全国性的数字变革高地和绿色发展标杆。这些探索为其他欠发达地区提供了宝贵经验，也在各省市范围内实现了区域间的协同发展。同

时，金融在乡村振兴战略中扮演着不可或缺的角色。通过创新金融产品和服务模式，金融机构能够有效解决农村地区融资难、融资贵的问题。例如，对县域乡村、山区海岛等偏远地区，金融因地制宜支持当地特色产业发展，盘活农村资产，增加农民财产性收入；此外，金融通过加大对农业龙头企业、合作社的信贷支持力度，必将更好地服务于农业全产业链发展，从而推动城乡社会经济统筹发展。

随着金融功能性的提升，优化小微企业金融服务、促进就业和收入提升将持续成为推动共同富裕和高质量发展的关键。小微企业作为经济增长的重要力量，是承载社会就业的主力军，是实现共同富裕所需关心的重要主体。但长期以来，小微企业面临融资难、融资贵的问题，即使当前普惠金融发展已经取得了显著的成绩，仍然有大量小微企业游离于规范的金融市场之外，需要依赖民间借贷等高息途径获取融资。随着金融功能精准性和普惠性的进一步提升，金融体系通过创新金融产品服务，为小微企业提供量身定制的贷款、供应链金融、风险投资等金融支持，更好地帮助企业突破资金需求瓶颈。例如，金融在农村地区仍有广泛的发展空间，通过农户贷款、农业保险等金融服务助力农业现代化，并通过精准扶贫金融产品帮助贫困家庭提高收入水平，为实现共同富裕目标打下基础。

以金融助力高质量发展、推动实现共同富裕不仅要从物质层面入手，还要在精神层面延伸。金融强国的建设需要注重金融文化的培育，通过强化风险为本、诚信守约、理性投资等理念，推动社会信用体系建设。例如，引导外向型企业树立风险中性意识，通过避险工具锁定汇率风险；普及金融知识，提高居民风险防范能力；严厉打击网络诈骗，切实守护老百姓的“钱袋子”。这些举措不仅提高了金融的安全性，也为促进社会和谐、安全发展奠定了基础。

金融强国建设是实现高质量发展和共同富裕的重要支撑。通过优化资源配置、促进产业升级、缩小区域发展差距，金融能更有效地推动经济社会的全面进步。在新时代新征程中，金融的功能发挥和评价导向要紧紧围绕高质量发展这一核心任务，以金融强国建设为抓手，引领中国金融迈向更高层次，为高质量发展提供强大动能，为实现中国式现代化贡献金融力量。

参考文献

[1]陆建强. 善本金融 [M]. 北京:中信出版集团 ,2024.

[2]陆建强. 以落实“八个坚持”为根本遵循推进中国特色金融价值评价体系重塑[J]. 中国银行业,2024(7):6,9 - 12.

[3]陆建强. 善本金融:社会价值视角下的金融范式变革[J]. 中国金融,2023(15):12 - 14.

[4]陆建强. 回归金融初心推进金融向善提升金融的政治性和人民性[J]. 中国银行业,2023(3):6,13 - 16.

[5]陆建强. 以善本信托助企财富升维[J]. 中国金融,2024(1):12 - 14.

[6]陆建强. 共同富裕的价值内核与金融创新支持路径[J]. 中国银行业, 2022(9):8,22 - 25.

[7]陆建强. 利用改革红利支持小微企业发展[J]. 中国金融, 2023(5):29 - 30.

[8]白钦先,谭庆华. 论金融功能演进与金融发展[J]. 金融研究,2006

(7):41 –52.

[9]曹平苹．金融数字化转型发展态势研究[J]．中国金融家，2021(9)：71 –73.

[10]高连水,沈启浪．商业银行考核评价体系的优化[J]．中国金融，2020(10):66 –68.

[11]何德旭,张雪兰．从金融视角看中国式现代化道路[J]．中国社会科学,2023(5):26 –46.

[12]何德旭,张雪兰．中国式现代化需要怎样的金融体系[J]．财贸经济,2024(1):18 –29.

[13]纪玉山,苏美文,吴勇民,等．健全因地制宜发展新质生产力体制机制推动中国式现代化[J]．工业技术经济，2024，43(8)：3 –25.

[14]李少伟．从个体理性到集体非理性:金融竞争与维权中的“囚徒困境”[J]．金融发展研究，2012(3):57 –60.

[15]李宇昂,杨麒宇,张天硕．金融业数字化转型思考[J]．合作经济与科技，2022(20)：66 –67.

[16]刘锡良,文书洋．中国存在过度金融化吗[J]．社会科学研究,2018(3):28 –36.

[17]楼秋然．股东至上主义批判——兼论控制权分享型公司法的构建[M]．北京:社会科学文献出版社,2020.

[18]陆岷峰,欧阳文杰．构建金融强国:现代化金融生态系统与产业融合发展研究[J]．社会科学辑刊,2024(1):150 –160.

[19]陆岷峰,周军煜．金融功能的近代史演变与现代金融地位的研究——基于中国共产党对金融工作的百年领导与金融发展历程的回顾[J]．金融理论与教学,2021(1):1 –7,13.

[20]罗伯特·希勒. 金融与好的社会[M]. 北京:中信出版社,2012.

[21]罗煜. 金融强国建设目标下的商业银行转型发展[J]. 应用经济学评论,2024,4(3):24-30.

[22]罗卓笔. 论我国商业银行的道德责任及其养成[D]. 北京:中央财经大学,2020.

[23]马文静. 债权人主义视阈下商业银行大股东行为约束之完善[J]. 金融理论探索,2021(3):51-58.

[24]彭兴韵. 金融强国建设的基础与路径[J]. 中国外汇, 2024(5):4-7.

[25]万立明. 积极培育中国特色金融文化[J]. 人民论坛,2024(7):59-62.

[26]王庆,张晓晶. 中国特色金融文化:思想基础、实践要求和发展方向[J]. 中共中央党校(国家行政学院)学报,2024,28(2):24-31.

[27]王文,蔡彤娟. 建设金融强国:概念、定位与政策落点[J]. 金融经济学研究,2024,39(1):3-13.

[28]王文. 全球金融治理的新困境与中国"金融强国"的战略应对[J/OL]. 金融经济学研究,2024:1-10.

[29]王永昌,尹江燕. 论经济高质量发展的基本内涵及趋向[J]. 浙江学刊,2019(1):91-95.

[30]魏鹏. 加快建设金融强国的内涵要义、逻辑衔接与实践路径[J]. 经济学家,2024(2):60-70.

[31]杨涛,高峰,吕仲涛. 数字金融发展现状与展望[J]. 金融理论探索, 2022(1): 30-38.

[32]易宪容,陈颖颖,位玉双. 数字经济中的几个重大理论问题研

究——基于现代经济学的一般性分析[J]. 经济学家, 2019(7): 23 -31.

[33]殷剑峰. 比较金融体系与中国现代金融体系建设[J]. 金融评论, 2018,10(5):1 -15,122.

[34]尹艳林. 切实推动高质量发展:经验、要求与任务[J]. 经济研究, 2023,58(8):32 -42.

[35]尹振涛. 以金融体制改革推进中国式现代化:内在逻辑、核心要求与推进重点[J]. 财经问题研究,2024(10):3 -13.

[36]约翰·希克斯. 经济史理论[M]. 北京:商务印书馆,1987.

[37]约翰·肯尼斯·加尔布雷思. 1929 年大崩盘[M]. 上海:上海财经大学出版社,2006.

[38]张成思,贾翔夫,廖闻亭. 金融化、杠杆率与系统性金融风险[J]. 财贸经济,2022,43(6):80 -96.

[39]张军扩,侯永志,刘培林,等. 高质量发展的目标要求和战略路径[J]. 管理世界, 2019,35(7): 1 -7.

[40]张晓晶,董昀,李广子,等. 中国特色金融发展之路的历史逻辑、理论逻辑和现实逻辑[J]. 金融评论,2024(1):1 -18.

[41]张晓晶,王庆. 中国特色金融发展道路的新探索——基于国家治理逻辑的金融大分流新假说[J]. 经济研究,2024(2):20 -38.

[42]张晓晶. 锚定金融强国目标,推动金融高质量发展——理论框架与实践路径[J]. 经济学动态,2024(2):3 -16.

[43]赵剑波,史丹,邓洲. 高质量发展的内涵研究[J]. 经济与管理研究, 2019, 40(11): 15 -31.

[44]周琪,沈鹏."占领华尔街"运动再思考[J]. 世界经济与政治,2012(9):73 -92,158.

[45]朱太辉,孙不言,高斯雨. 金融发展是否会改善公共服务？——兼对金融功能性、社会性的讨论[J]. 金融监管研究,2024(7):36－52.

[46]Friedman M . The social responsibility of business is to increase its profits[N]. New York Times Magazine, 1990.

[47]Lins, Karl V. , Henri Servaes, Ane Tamayo. Social capital, trust, and firm performance: The value of corporate social responsibility during the financial Crisis[J]. The Journal of Finance,2017,72(4): 1785－1824.